D0239114

LES MÉCHANTS
RAISINS

Patrick Désy
Élyse Lambert
Mathieu Turbide
avec Claude Langlois

LES MÉCHANTS RAISINS

Les meilleurs vins
pour toutes les occasions

2017

LES ÉDITIONS DU JOURNAL

Éditrice : Marie Labrecque
Coordination éditoriale : Ariane Caron-Lacoste
Révision linguistique : Fleur Neesham
Correction d'épreuves : Pascale Matuszek
Conception graphique et mise en pages : Clémence Beaudoin

Catalogage avant publication de Bibliothèque et Archives nationales du Québec et Bibliothèque et Archives Canada

Vedette principale au titre :
    Les Méchants Raisins 2017 : les meilleurs vins pour chaque occasion
    Comprend un index.
    ISBN 978-2-89761-022-7
    1. Vin - Guides, manuels, etc. 2. Accord des vins et des mets.
TP548.2.M42 2016   641.2'2   C2016-9418-4

Les éditions du Journal
Groupe Ville-Marie Littérature inc.*
Une société de Québecor Média
1055, boulevard René-Lévesque Est, bureau 300
Montréal (Québec) H2L 4S5
Tél. : 514 523-7993
Téléc. : 514 282-7530
Courriel : info@leseditionsdujournal.com
Vice-président à l'édition : Martin Balthazar

Distributeur
Les Messageries ADP *
2315, rue de la Province
Longueuil (Québec) J4G 1G4
Tél. : 450 640-1237
Téléc. : 450 674-6937
* filiale du groupe Sogides inc.
  filiale de Québecor Média inc.

Financé par le
gouvernement
du Canada | Canadä

Nous remercions le Conseil des arts du Canada de l'aide
accordée à notre programme de publication.

Les éditions du Journal bénéficient du soutien de la Société de développement
des entreprises culturelles du Québec (SODEC) pour son programme d'édition.
Gouvernement du Québec — Programme de crédit d'impôt pour l'édition de
livres — Gestion SODEC.

Dépôt légal : 4e trimestre 2016

© Les éditions du Journal, 2016
Tous droits réservés pour tous pays
leseditionsdujournal.com

SOMMAIRE

QUI SONT
LES MÉCHANTS RAISINS ?

Mathieu Turbide
Le chasseur de bonnes affaires

Le gros manseng de tous les jours

Le Méchant Raisin « original », journaliste, chroniqueur et blogueur depuis plus de 20 ans. Il aime les vins qui en donnent beaucoup pour le prix, les vins de tous les jours pour lesquels on ne se ruine pas.

Patrick Désy
Le passionné de grandes bouteilles

Le pinot noir de grand terroir

Baignant dans le vin depuis sa tendre enfance, Patrick a la chance de goûter à des vins rares et souvent fabuleux. Il sait distinguer les bons vins des imposteurs. Quand il ne déguste pas, il a rarement la langue dans sa poche.

Élyse Lambert
La championne sommelière

Le chardonnay qui va avec tout

Cinquième meilleure sommelière du monde en 2016, meilleure sommelière du Canada et première femme à détenir le titre de Master Sommelier au Canada, Élyse est une vraie championne pour qui le vin n'a pas de secret. Dégustatrice redoutable, elle sait marier les vins et les mets comme pas une. C'est la nouvelle venue dans la grappe des Méchants Raisins, et elle y fait déjà sa marque comme la « gentille » du groupe.

Claude Langlois
Le Méchant Raisin honoraire

Le grenache de vieilles vignes qui n'a pas dit son dernier mot

Chroniqueur de vins pendant plus de 30 ans au *Journal de Montréal*, Claude Langlois a parcouru le monde et rencontré les plus grands vignerons de la planète. À la retraite depuis peu, il continue de conseiller à l'occasion ses comparses Méchants Raisins.

7 CHOSES À SAVOIR

POUR PROFITER PLEINEMENT

DE VOTRE GUIDE MÉCHANTS RAISINS 2017

1. À l'aveugle, à l'anonyme... alouette !

La plupart des vins que nous vous proposons ont été dégustés à l'aveugle, sans que nous sachions quels vins nous ont été servis. Parfois, les vins étaient regroupés par thèmes (par exemple : chardonnays ou vins d'assemblage à la bordelaise). En d'autres occasions, les vins ont été testés « à l'anonyme », c'est-à-dire que nous connaissions les vins, mais pas l'ordre dans lequel ils nous ont été servis. D'autres vins ont été dégustés lors de rencontres avec des producteurs, des vignerons ou des agences. Enfin, comme tout le monde, nous buvons régulièrement avec des amis ou avec la famille sans jouer aux devinettes.

2. Des pots-de-vin ?

Plusieurs vins commentés nous ont été fournis gracieusement par des agences représentant des producteurs de vins ou, plus rarement, directement par des producteurs en guise d'échantillons. C'est comme ça que la majorité des critiques, journalistes spécialisés et sommeliers réussissent à couvrir la plupart des vins disponibles à la SAQ. Cela dit, en tant que Méchants Raisins « amateurs de vins professionnels », nous achetons aussi beaucoup de vins, au point d'en faire un poste budgétaire important dans nos budgets familiaux. Mais au final, qu'un vin soit acheté ou fourni par un producteur ne change rien à l'appréciation que nous en faisons, pas plus qu'un critique de cinéma ne donnerait 5 étoiles à un film parce qu'il a assisté à une représentation gratuite pour la presse.

3. Ah, les notes...

Nouveauté dans cette édition des Méchants Raisins : les vins sont notés sur 5 étoiles, comme nous le faisons depuis des années dans les pages du *Journal de Montréal* (et comme le font plusieurs de nos collègues). Puisqu'on se permet des demi-étoiles, ça revient à dire que nous notons les vins sur une échelle de 0 à 10. Nous ajoutons aussi toujours à la note une indication sur le prix du vin, représenté par des symboles de dollar (**$**). Cela permet de se faire rapidement une idée sur le rapport qualité-prix des vins commentés. Si un vin a obtenu plus d'étoiles (★) que de symboles de dollar (**$**), c'est un très bon rapport qualité-prix ; s'il a autant d'étoiles que de dollars, c'est qu'il vaut son prix ; s'il a moins d'étoiles que de dollars, c'est que le vin est trop cher.

Voici les échelles que nous avons utilisées :

Pour le prix

0 – 12 = **$**
12 à 17 = **$ ½**
17 à 22 = **$$**
22 à 27 = **$$ ½**
27 à 32 = **$$$**
32 à 37 = **$$$ ½**
37 à 45 = **$$$$**
45 à 60 = **$$$$ ½**
+ de 60 $ = **$$$$$**

Pour l'appréciation du vin

Aucune étoile : mauvais vin
½ : vin sans intérêt
★ : vin moyen
★ ½ : vin correct, agréable, mais sans plus
★★ : assez bon vin
★★ ½ : bon vin
★★★ : très bon vin
★★★ ½ : excellent vin
★★★★ : grand vin
★★★★ ½ : très grand vin
★★★★★ : vin exceptionnel

Évidemment, aucun système de notation n'est parfait. Par exemple, avec ce système, pratiquement aucun vin de plus de 60 $ ne peut représenter un bon rapport qualité-prix, à moins d'être purement exceptionnel. Pourtant, un excellent vin de 75 $ peut être une aubaine par rapport à un grand cru classé décevant vendu 600 $. Mais il fallait bien tracer la ligne quelque part. Et, de toute manière, la grande majorité des vins que nous commentons sont en deçà de 60 $ la bouteille.

Enfin, il faut comprendre que nous notons les vins dans l'absolu, et non pas dans leur catégorie. Cela veut dire que les vins sont tous jugés de façon équitable. Si un vin a deux étoiles, c'est qu'il mérite deux étoiles. On ne donnera pas quatre étoiles à un vin pour le récompenser, par exemple, d'être le meilleur pinot noir à moins de 20 % d'alcool. Il peut très bien être le meilleur de sa catégorie avec deux étoiles et demie. Nous voulons ainsi être plus justes et éviter de donner une note trop forte à un vin et ainsi vous laisser croire qu'un vin honnête de 15 % est aussi bon qu'un grand cru du Médoc.

4. À propos du sucre dans le vin

Comme l'an dernier, nous avons choisi d'indiquer (lorsque la donnée est disponible) le taux de sucres résiduels réducteurs présents dans chaque vin. Nous croyons que c'est pertinent puisque de plus en plus de vins habituellement « secs », même des rouges, affichent maintenant des taux de sucres résiduels dépassant les 10 grammes par litre (un vin est considéré sec lorsqu'il contient moins de 4 grammes de sucre par litre). Certains aiment ça, alors que plusieurs ne jurent que par les vins secs.

5. Où trouver les vins commentés ?

La majorité des vins commentés ont été dégustés au cours de l'été 2016, juste avant de mettre sous presse. Nous avons eu accès à des vins dont les millésimes les plus récents n'étaient pas encore sur les tablettes de la SAQ, mais qui arriveront au cours de l'année. Plusieurs vins sont généralement toujours disponibles dans la plupart des succursales de la SAQ, mais d'autres arrivent par lots plus restreints et ne seront peut-être plus disponibles au moment où vous lirez ce livre. Lorsque les vins sont généralement difficiles à trouver, nous vous l'indiquons. Utilisez le code indiqué dans chaque description de vin pour le chercher sur le site Internet de la SAQ. Vous pourrez aussi savoir combien de bouteilles il en reste dans le réseau et voir dans quelles succursales les trouver.

6. Claude Langlois en rappel

Le Méchant Raisin « honoraire » Claude Langlois a officiellement pris sa retraite au printemps 2016, après plus de 30 ans de chroniques dans *Le Journal de Montréal* et sur le blogue des Méchants Raisins. Claude continue, à l'occasion, de prodiguer ses conseils aux autres Raisins. Dans cette édition des Méchants Raisins 2017, nous avons sélectionné pour vous une dizaine de textes puisés dans les archives récentes de Claude. Ce sont des chroniques toujours pertinentes, écrites sur des sujets intemporels et intéressants, avec la plume efficace et touchante de notre doyen.

7. Suivez-nous dans *Le Journal de Montréal* et *Le Journal de Québec* et sur le blogue des Méchants Raisins !

Si vous avez ce livre en main, c'est que vous aimez le vin. Et si vous aimez le vin, nous vous invitons à nous lire chaque semaine dans *Le Journal de Montréal* et *Le Journal de Québec*, de même que sur notre blogue Les Méchants Raisins (www.journaldemontreal.com/blogues/mechantsraisins). Vous y retrouverez nos chroniques, nos conseils et nos critiques sur les arrivages les plus récents et les aubaines du moment.

Suivez-nous aussi sur Facebook (www.facebook.com/mechantsraisins) et sur Twitter (@MechantsRaisins). N'hésitez pas à communiquer avec nous sur les réseaux sociaux pour poser vos questions, nous mettre sur la piste d'un de vos coups de cœur ou partager plus librement sur le monde du vin !

7 RÈGLES À SUIVRE LORSQU'ON SERT DU VIN

ET

4 MYTHES VRAIMENT INUTILES

AUXQUELS VOUS DEVRIEZ TOUT DE SUITE CESSER DE CROIRE

(ÉLYSE LAMBERT)

Le service du vin est un art, mais tout le monde n'est pas sommelier... et c'est très bien comme ça. Je vous propose ici une courte liste de quelques règles qui feront la différence dans votre service de vin, ainsi que 4 mythes auxquels vous devriez tout de suite cesser de croire. Suivez le guide !

1. Servez votre rouge plus frais.

De façon générale, le consommateur a tendance à boire son vin rouge à la température de la pièce, lire ici, vraiment trop chaud. Pour pouvoir apprécier le rouge à son meilleur, vous devriez servir votre vin à une température variant entre 15 et 18°C. La façon facile d'y arriver est de mettre celui-ci 30 minutes au frigo et le tour est joué.

2. Servez votre blanc plus chaud... oui, oui !

À l'inverse du rouge, nous avons tendance à servir les blancs à la température du frigo. Cette température peut convenir à certains types de blancs, comme le muscadet ou le bourgogne aligoté, néanmoins, la plupart de vos vins blancs bénéficieront de quelques degrés supplémentaires. Sortez donc votre blanc du frigo au moins 15 à 30 minutes avant de le servir.

3. Votre verre n'est pas un bocal à poisson ou, comme disent les anglos, *less is more*.

Une autre mauvaise habitude qui rend difficile l'appréciation du vin est celle de mettre trop de vin dans les verres. Votre verre de vin, pour permettre à ce dernier de bien s'exprimer, devrait être rempli au tiers ou jusqu'à sa partie la plus large. Vous pourrez ainsi faire pivoter le vin dans le verre sans craindre d'en mettre partout et permettre ainsi au vin d'entrer en contact avec l'oxygène afin de mieux libérer ses arômes.

4. Soyez prudents en ouvrant vos bouteilles de champagne et de mousseux.

De 4 à 6 atmosphères de pression, c'est ce que contient une bouteille de mousseux ou de champagne. Manipulé de façon imprudente, le bouchon peut aller jusqu'à crever un œil. Soyez donc prudents en ouvrant votre bouteille et respectez les deux règles d'or suivantes : 1. Toujours garder son pouce sur le bouchon. 2. Ne jamais viser personne… incluant soi-même, lors de l'ouverture.

5. Insérez la vrille du tire-bouchon bien au fond pour mieux extirper le bouchon.

Un bon tire-bouchon fera toute la différence dans la facilité que vous aurez à ouvrir vos bouteilles. Un limonadier de marque Pulltap's, par exemple, vous coûtera quelques dollars et vous rendra la vie plus facile grâce à son double levier. Il est par contre important, peu importe le tire-bouchon que vous possédez, d'insérer la vrille bien au fond, c'est la raison principale pour laquelle les gens brisent leur bouchon.

6. Un bec verseur « sans goutte » peut préserver votre couple.

Si vous êtes de ceux pour qui le service du vin semble compliqué et que vous vous sentez nerveux à l'idée de mettre du vin partout au moment du service, je vous suggère le « sans goutte ». Petit outil de service ultra abordable et facile à utiliser, il vous fera gagner du temps au moment du lavage de la nappe, surtout si on apprécie les gros rouges qui tachent !

7. La carafe, oui, mais pas à toutes les occasions…

La carafe est un outil qui peut être vraiment intéressant lorsque utilisé au bon moment. Personnellement, j'ai tendance à éviter la carafe avec les vins déjà bien ouverts et fruités. Pour savoir si c'est le cas, prenez le temps de déguster votre vin avant de faire quelques manipulations. Soyez aussi attentif à la chaleur, puisqu'une fois en carafe, lorsqu'il fait très chaud, la température du vin montera rapidement.

4 MYTHES

1. « Ouvrir la bouteille pour faire "respirer" le vin. »

J'entends régulièrement ce commentaire qui me fait bien sourire. Étant donné l'étroitesse de l'ouverture du goulot, ce n'est pas simplement en ouvrant la bouteille que le vin pourra avoir un contact suffisant avec l'air et « respirer ». Si vous désirez que votre vin s'oxygène, vous pouvez soit transférer ce dernier dans une carafe ou verser environ un verre de la bouteille afin d'augmenter la surface de contact du vin avec l'air.

2. « Mettre une cuillère dans sa bouteille ouverte de mousseux pour conserver les bulles. »

Un des mythes les plus surprenants que j'ai entendus dans ma carrière... et que je continue à entendre. Cette technique ne change absolument rien à la perte de vos bulles. La seule façon de les préserver est de boire toute la bouteille une fois celle-ci ouverte, ou d'utiliser un bouchon à champagne. Ce gadget est abordable et facile d'utilisation, je vous le recommande fortement. En passant, moins il reste de vin dans la bouteille, moins le bouchon sera efficace.

3. « Le vin s'améliore en vieillissant. »

Un mythe que j'aime à démolir puisque ce ne sont pas tous les vins qui ont le potentiel de bien vieillir, la structure de certains vins ou cépages ne le permettant pas. Le vin, en évoluant, va perdre du fruit au profit d'arômes tertiaires, lire ici terre, sous-bois et cuir. Ces arômes ne plaisent pas à tous. Ma suggestion à cet égard est d'acheter une bouteille avec un peu d'âge et de déterminer si ça vous plaît ou pas dans un premier temps. Si les vieux vins sont dans votre palette, vous pourrez commencer à en conserver si vous avez une cave ou un cellier, pour que vos bouteilles puissent vieillir en beauté.

4. « Il faut payer cher pour boire du bon vin. »

Faux, faux et faux ! Le prix du vin est déterminé par plusieurs facteurs rattachés à la rareté et aux coûts de production. Il est certain que si vous voulez acheter un produit que tout le monde s'arrache, le prix risque d'être en conséquence. J'ai plusieurs favoris à prix abordables qui me font bien plaisir et chaque vin a son occasion. Je refuse néanmoins d'associer le prix et la qualité. La meilleure façon de juger un vin pour un sommelier ou un amateur de vin, c'est de le déguster à l'aveugle (ce que je fais pour ce guide). C'est votre palais qui vous donnera la réponse !

4 VINS POUR S'INITIER AU VIN QUAND ON EST JEUNE,

QU'ON N'Y CONNAÎT RIEN ET QU'ON N'A PAS UNE CENNE

(MATHIEU TURBIDE)

Lorsque le premier *Guide des Méchants Raisins* est sorti, en 2015, mon fils – qui venait de fêter ses 19 ans – m'a demandé si on pouvait faire une liste pour aider les jeunes qui ne connaissent rien au vin, qui n'ont pas d'argent, mais qui sont intéressés à apprendre.

Dans le fond, il voulait qu'on réponde aux interrogations des jeunes qui commencent à délaisser la bière (et leurs *partys* de groupe) pour du vin et des soupers entre amis, mais qui ont de tout petits budgets.

Voici donc un petit jeu de comparaison pour initier au vin – à peu de frais – les jeunes sans le sou.

Il s'agit de comparer entre eux des vins des cépages blancs et rouges les plus célèbres et les plus caractériels, j'ai nommé, en rouge, le cabernet sauvignon et le pinot noir, et en blanc, le chardonnay et le sauvignon blanc.

Une fois qu'on apprend à reconnaître et à différencier ces quatre cépages, on a déjà une bonne base pour approfondir notre connaissance du vin.

Cabernet contre pinot noir

Cabernet sauvignon 2015
Mendoza Santa Julia, Argentine, 13,5 %

Un cabernet à petit prix, mais bien représentatif du cépage avec une couleur pourpre bien opaque, des arômes de cassis (un truc pour reconnaître l'arôme du cassis, comme on en trouve peu au Québec : procurez-vous une confiture de cassis ou mieux, une crème de cassis. Vous apprivoiserez ainsi l'un des arômes caractéristiques du cabernet sauvignon), avec des notes végétales (poivron rouge mûr), florales mêmes. C'est un vin souple comme le sont souvent les cabernets de ce prix (les grands cabernets que sont les grands vins du Médoc ou de Californie sont souvent tanniques, donc plus costauds et plutôt rudes en jeunesse). Nous ne sommes pas de grands *fans* de tous les vins de cette maison argentine, mais le cabernet est bien fait et tout à fait recommandable.

11,55 $**　　　★★ - **$　　　**2,8 g/l**

code SAQ: 12284346

Soli Pinot Noir 2014
Thracian Valley, Bulgarie, 13,5 %

Un pinot noir autour de 15 $, c'est rare. Et celui-ci, en plus, est un bon exemple de ce qu'est le pinot noir, ce grand cépage de la Bourgogne. On le voit tout de suite à l'œil : la majorité des pinots noirs sont moins foncés et moins opaques que les cabernets sauvignons. Ensuite, au nez, on remarque surtout des notes de fruits rouges (fraises, noyaux de cerises), avec une petite touche florale et de fumée. Quand un vin de pinot noir montre les arômes typiques du cépage, on dit qu'il « pinotte ».

15,30 $ ★★ - $ ½   **2 g/l**

code SAQ: 11885377

Sauvignon blanc contre chardonnay

S. de la Sablette 2015
Sauvignon blanc, France,
Marcel Martin, France, 12 %

On trouve le sauvignon blanc surtout dans la Loire (Sancerre, Pouilly-Fumé, etc.), à Bordeaux, où on l'assemble avec le sémillon et la muscadelle, ou encore en Nouvelle-Zélande, où il s'exprime avec exubérance. Ce sauvignon de la Loire, à tout petit prix, est une honnête démonstration du cépage : ça sent bon les herbes coupées, la groseille et les agrumes. En bouche, c'est vif, léger et rafraîchissant.

11,65 $ ★★ - $ **3,8 g/l**

code SAQ: 12525234

Chardonnay 2015

**Côtes de Gascogne,
Domaine La Hitaire, France,
12 %**

Le chardonnay est le cépage
blanc de Bourgogne, mais aussi
le cépage blanc le plus célèbre et
le plus cultivé de la planète. Il y a
beaucoup de chardonnay autour
de 11 $ ou 12 $, mais celui-ci nous
a charmés par son expression
franche, sa bouche grasse et généreuse, ainsi que ses arômes de
beurre frais et de poire, typiques
du cépage. Les vins de chardonnay sont souvent boisés et, alors,
ce n'est plus le cépage lui-même
qui s'exprime, mais la barrique
de chêne avec ses arômes de
vanille, d'érable et de pain grillé.
Celui-ci donne au contraire toute
la place au chardonnay. Une
belle introduction.

11,55 $
★★ – $
4,1 g/l

code SAQ: 12699031

10 VINS AMUSANTS POUR SE REMONTER LE MORAL

QUAND ON A LE CAFARD

(PATRICK DÉSY)

Vous avez la mine basse ? Votre semaine ressemble à une enfilade de lundis matins ? Vous broyez du noir ? Rien ne fonctionne ? Arrêtez tout ! Stoppez les machines et descendez à la cave, ouvrez votre cellier ou courez à la SAQ pour jouer du tire-bouchon avec l'une ou l'autre de ces bouteilles.

Vous allez voir surgir le soleil, sentir les fourmis monter dans vos jambes et retrouver une de ces « pêches », comme disent les cousins français, que vous vous demanderez pourquoi vous avez attendu aussi longtemps pour lire cette section ! Ne nous remerciez pas, c'est gratuit (avec l'achat de ce livre !) et ça nous fait plaisir !

Chablis Villages 2014
Domaine Bois d'Yver, France, 12,5 %

Les vins de chez Bois d'Yver, tout petit domaine chablisien, figurent parmi le peloton de tête de la région. Production bio. Approche « nature ». Georges Pico est toujours officiellement propriétaire du domaine, mais c'est son fils Thomas, dont les vins sont tout aussi bons, quoique plus riches en style, qui s'en occupe. Le Villages 2014 est d'une irrésistible gourmandise alors que le premier cru Montmain, parfois disponible à la SAQ, est remarquable de précision. Du bonheur à chaque gorgée ! Surveillez les 2015.

29,85 $**   ★★★ ½ – **$$$ 1,2 g/L

code SAQ: 12891200

Ageno 2012
La Stoppa/Elena Pantaleoni, Emilia, Italie, 13,5 %

Un vin orange ! Oui, oui ! C'est en réalité un vin blanc issu d'une macération sur peau des cépages malvasia et trebbiano, ce qui lui apporte cette couleur orangée et donne une impression légèrement tannique. Une trentaine d'hectares de vignes en bio et biodynamie sous la gouverne d'Elena Pantaleoni, une passionnée du terroir. Un mode de travail traditionnel, mais dont la minutie permet de produire des vins à la fois originaux et d'une superbe définition. Potentiel impressionnant pour les accords avec la nourriture. Un ovni qui devrait égayer votre journée !

43,75 $**   ★★★ ½ – **$$$$ 2,3 g/l

code SAQ: 12512046

Lou Maset 2014

Domaine d'Aupilhac, Coteaux du Languedoc, France, 13 %

Ceux qui doutent que le cinsault – 50 % de l'assemblage – puisse donner de jolis vins devront se raviser. Un peu de réduction en ouverture qui se dissipe rapidement à l'aération. Notes de fraise, de prune et de violette. Immensément gouleyant, énergique, simple, mais équilibré et présentant ce qu'il faut d'amertume en finale pour donner du coffre au vin. Sans doute le meilleur millésime de cette cuvée d'entrée de gamme de ce domaine phare du Languedoc. Indice de picolabilité élevé et plaisir garanti.

17 $ **★★★ – $$**   **1,4 g/l**

code SAQ: 11096116

Moschofilero 2015

Tselepos, Mantiana, Grèce, 12 %

Un classique au répertoire des vins blancs grecs. Il m'a semblé plus marqué par l'acidité que celui de l'an dernier, mais il montre toujours une aussi belle définition de bouche et des parfums subtilement muscatés. Finale saline, sur l'amer, d'assez bonne longueur. Génial avec les fruits de mer grillés ou frits. On a l'impression de voyager, et tout ça pour moins de 20 $.

19,25 $ **★★½ – $$**   **2,1 g/l**

code SAQ: 11097485

Zweigelt Heideboden 2014
Weingut Pittnauer, Neusiedlersee, Autriche, 13,5 %

Sortez des sentiers battus et faites la découverte du zweigelt, un cépage indigène autrichien qui ressemble à la fois au gamay (pensez Beaujolais) par son côté gouleyant et léger, mais aussi à la mondeuse ou au pinot d'aunis par son profil poivré. Le vin est marqué par une acidité vive, mais bien intégrée au fruité nourri. Des tonalités de poivre, de fruits rouges et surtout l'envie d'en boire. On aime ça ! *Difficile à trouver*

20,80 $**   ★★★ – **$$ **4,3 g/l**

code SAQ: 12677115

Château de Chamirey 2013
Mercurey, France, 12,8 %

Un pinot noir de Bourgogne qui connaît une belle histoire d'amour avec le Québec. Étant donné la passion qui anime la famille Devillard et la qualité constante année après année de leurs vins, on comprend pourquoi ! Un 2013 qui a su tirer le meilleur d'un millésime compliqué. Un nez fringant et détaillé de cerise, de réglisse, de fraise mûre, de jasmin et de girofle. Une matière assez étoffée qui possède une bonne vivacité et montre une profondeur intéressante. Finale granuleuse, masculine à la Mercurey, mais pas dure, plutôt précise avec un trait d'élevage qui vient amplifier le côté enrobé et le profil moderne du vin. De la belle Bourgogne accessible.

28,60 $**   ★★★ – **$$$ **n.d.**

code SAQ: 962589

Le vin est une fête 2014

Elian Da Ros, Côtes du Marmandais, France, 12,5 %

C'est un peu compliqué comme vin, mais si vous suivez ces étapes toutes simples, vous allez adorer. S'il vous repousse à l'ouverture avec la réduction (odeurs d'allumette, de carton et de poulailler), il ne faut pas vous inquiéter. Donnez-lui de l'air. Une heure de carafe fera l'affaire. Vous allez voir, la transformation est impressionnante ! Le nez gagne en fruit. En bouche, c'est le coup de foudre immédiat. De l'épaisseur, du volume autour d'une structure tannique précise et rustique. Ça se boit ensuite comme du petit-lait et ça donne envie de faire la fête !

21 $**   ★★★½ - **$$ **1,2 g/l**

code SAQ: **11793211**

Pépé le Pinot 2014

Victoria, Jamsheed, Australie, 13,5 %

C'est à coup sûr le genre de pinot noir avec lequel on se fait prendre à l'aveugle ! Il y a certes un côté Nouveau Monde dans la richesse des parfums et le côté enrobant du fruit en bouche, mais l'ensemble est déconcertant de fraîcheur et de buvabilité. C'est élégant, fumé avec des notes de fraise, de résine et d'encens. On a littéralement l'impression de croquer dans le raisin. Fringant, le pépé !
Difficile à trouver

39 $**   ★★★★ - **$$$$ **n.d.**

code SAQ: **12577190**

Tannat Reserva 2013
Bodegas Carrau, Las Violetas, Uruguay, 13,5 %

On associe habituellement le tannat au madi-ran avec ses vins puissants et corsés. Celui-ci nous vient d'Uruguay et offre une agréable surprise dans le verre ! Bien parfumé. Tonalités de fleur, de fumée, de poudre à bonbon et d'herbe. Bouche bien construite, facile, nourrie avec des tanins arrondis et une acidité qui donne au vin de la légèreté. Franchement étonnant et parmi les meilleurs vins sous 15 $ dégustés cette année.

14,70 $ ★★ ½ – $ ½   1,9 g/l

code SAQ: 10293847

Volpaia 2012
Giovannella Stianti, Chianti classico, Italie, 13 %

Du chianti qui ressemble à du bourgogne ! Ou est-ce l'inverse ? Reste qu'on est subjugué par la franchise et la pureté des parfums : cerise, fleur mauve, santal, vieux cuir, grain de café. La robe lumineuse et translucide ajoute à l'esprit d'égarement. Matière nourrie et ciselée comme un pinot noir. Puis, cet aspect plus soyeux et plus énergique du sangiovese donnant, au final, un vin merveilleusement sapide. Du chianti comme il s'en fait trop peu. Surveillez le 2013 qui devrait débarquer cet hiver.

26,25 $ ★★★★ – $$$ n.d.

code SAQ: 10858262

LE VIN A-T-IL UNE ÂME ?

(CLAUDE LANGLOIS)

Je le dis comme je le pense, je suis très impressionné par le nombre de mauvais vins qu'il y a sur le marché. Bon, d'accord, je recommence et je surveille mon langage : je suis très impressionné par le nombre de vins que JE trouve mauvais. Car effectivement, parmi le grand nombre de vins qui ne me plaisent pas, il y en a forcément qui plaisent à d'autres. C'est pourquoi je prends la peine de préciser que je parle pour moi.

Donc, pour un bon vin sélectionné dans mes dégustations quotidiennes, j'en rejette facilement entre six et dix, selon les jours. Ou alors, parfois, pour certains qui me paraîtraient recommandables, c'est le prix qu'on en demande qui me semble trop élevé, compte tenu de leur qualité.

Mais les mauvais vins, je disais. Trop de vanille, trop de bois, du jus de planche, trop de fumée, trop d'alcool, trop de « peluche » (les rouges avec du sucre résiduel), pas assez de fruit, trop végétal, goût herbacé, pas assez mûr, tout plein de « brett »... et j'arrête. Je vais m'énerver et c'est pas bon pour mon cœur.

Est-ce qu'en vieillissant je deviens plus difficile ? Honnêtement, je pense que oui. Mais c'est à mon sens pour une raison toute simple : quand on vieillit, on préfère aller droit à l'essentiel, et on se laisse moins distraire par les artifices, le maquillage, les emballages et autres effets de toge.

Mais non, je n'ai rien contre l'élevage en barriques. Je compte moi-même quelques vieilles barriques parmi mes meilleurs amis. Je blague. Non, quand il est maîtrisé, on le sait tous, l'élevage en barriques ajoute beaucoup à la complexité du vin. Ce qui ne m'empêche pas de chercher par ailleurs l'équilibre, les justes proportions, de chercher le fruit, la fraîcheur. Je ne cherche pas la puissance, ni les roulements de biceps, et j'ai horreur du débordement de rouge à lèvres sur les dents, et de la double épaisseur de maquillage.

La vérité

Je cherche la beauté dans la pureté et la netteté du trait, je cherche la véracité, l'authenticité ; à la limite je cherche l'âme du vin, et son âme, j'ose dire, c'est ce qu'il reste de lui quand on évacue le superflu. Mais le vin a-t-il une âme ? En tout cas, il a indéniablement un corps, et il a certainement aussi un esprit.

Car j'en connais qui m'ont laissé plus intelligent après boire, comme aurait dit Mme de Pompadour, d'autres aussi qui m'ont rendu plus sage après les avoir longuement fréquentés, et d'autres encore qui m'ont fait frôler leur génie avec émotion. Évidemment, ces vins, on ne les rencontre pas tous les jours. Ni même toutes les semaines. Mais ça ne m'empêche pas de chercher quotidiennement la vérité du vin, qui se traduit d'abord par la propre signature de son ou de ses cépages et qu'on appelle typicité, mais aussi par la signature d'un lieu, d'un climat, d'un terroir.

Et pour cela, il n'est pas nécessaire d'être un grand vin. C'est à la portée de n'importe quel petit vin, à la condition que le vigneron qui l'élabore respecte la matière avec laquelle il travaille et le lieu d'où provient cette matière. Mais, encore une fois, ces vins, ils sont beaucoup moins nombreux qu'on serait porté à le croire.

Aussi, dans ma quête quotidienne de bons vins à recommander, quand cette empreinte du lieu n'est pas si évidente, reste encore minimalement à chercher dans le vin son caractère, la singularité de sa personnalité. Facile à dire, je l'avoue, mais pas si facile à mettre en pratique. Car, comme je le disais au début, les vins sans personnalité, sans caractère, sans signature et sans âme sont légion.

5 BONS VINS
SANS BOIS
SI TU DÉTESTES
LES VINS BOISÉS
ET

4 BONS VINS
BIEN BOISÉS
SI TU ADORES
LE GOÛT DE PLANCHE

(PATRICK DÉSY)

Habituellement, lorsqu'on débute dans le monde du vin, on a tendance à aimer les vins boisés. Probablement parce que c'est un aspect facilement reconnaissable et que, avouons-le, les notes de vanille, d'épices chaudes et de grillé qui en résultent peuvent apporter beaucoup de charme au vin. Avec le temps, on a tendance à évoluer vers des vins plutôt axés sur la pureté du fruit, c'est-à-dire sans artifice, sans l'apport des notes de bois et qui reflètent au mieux l'expression du terroir. Voici une sélection de vins qui plaira tant aux aficionados de la barrique qu'aux plus grands puristes.

SANS BOIS

Château la Mothe du Barry 2015
Bordeaux supérieur, France, 13,5 %

Voici l'exemple parfait que l'on peut trouver du très bon bordeaux à tout petit prix. 100 % merlot issu de l'agriculture biologique, le vin ne voit aucun bois, que de la cuve en inox. Ça donne un nez très pur, assez précis et pétant de fruit. C'est souple, énergique avec une matière soyeuse et des tanins tout au plus moyennement corsés. C'est encore plus vrai avec le 2015 qui surpasse en gourmandise le 2014 qui était déjà une belle réussite. Un exemple à suivre.

15,95 $ ★★★ – $ ½   n.d.

code SAQ: 10865307

Les Grandes Vignes 2014

Domaine Claude Lafond, Reuilly, France, 13,5 %

Un rouge de Loire tout léger fait de pinot noir. C'est limpide et bien parfumé. Des notes de petits fruits rouges, de bonbon anglais, d'épices et un fond minéral. C'est tendre tout en montrant une acidité vive. On aurait souhaité un peu plus de volume et de fond, mais l'équilibre et sa grande buvabilité rattrapent habilement le tout.

19,70 $ ★★ ½ - $$ **1,9 g/l**

code SAQ: 11495379

Les Champs Royaux 2014

William Fèvre, Chablis, France, 12,5 %

De loin l'un des meilleurs chablis villages disponibles à la SAQ. L'année 2014 a donné des vins très classiques avec des acidités hautes et des matières nourries. Ce Champs Royaux évoque à merveille le côté à la fois salin, droit, mais aussi tendre et volumineux qui fait la magie du chablis. Zéro bois. Un vin d'une remarquable pureté. Le 2015 qui devrait le remplacer se présente avec plus de gras, mais conserve cette fraîcheur magique du chablis.

24,95 $ ★★★ - $$ ½   **n.d.**

code SAQ: 276436

Assyrtiko 2014
Hatzidakis, Santorini, Grèce, 13,5 %

L'exemple ultime du vin sans bois ! Haridimos Hatzidakis fait partie de l'élite viticole grecque. Tous ses vins sont remarquables. Sa version 2014 « toute nue » de l'assyrtiko, cépage roi de cette île paradisiaque, le confirme. Beaucoup d'intensité au nez : citron confit, ananas, papaye, résine, baie de genévrier et un magnifique arrière-plan marin. On a l'impression de retrouver la mer Égée dans son verre. Serré à l'attaque, le vin paraît plutôt dense et compact. L'acidité précise et tranchante comme un scalpel fait exploser la matière qui devient grasse en milieu de bouche puis, telle la marée qui se retire, laisse une impression à la fois riche et sèche à laquelle s'ajoute une étonnante longueur saline et de citron confit. Du pur bonheur ! Servir frais, mais pas trop (10-12 degrés) afin de ne pas « écraser » la texture du vin. Orgasme gustatif assuré avec des calmars frits ! Surveillez l'arrivée du 2015 au printemps.

27,25 $ ★★★★ - $$$ 3 g/l

code SAQ: 11901171

S. de La Sablette 2015
Marcel Martin, France, 12 %

Le parfait petit blanc d'été ! Du sauvignon simple, frais, efficace, croquant, avec une touche perlante en attaque qui se dissipe à l'aération. C'est mûr, bien équilibré, pas trafiqué et ça se boit tout seul. Impressionnant pour le prix. Servir bien frais (6-8 degrés).

11,65 $ ★★ - $ 3,8 g/l

code SAQ: 12525234

AVEC BOIS

De Gras Cabernet Sauvignon/Syrah 2015
Vina Montgras, Valle de Colchagua, Chili, 13 %

Si vous aimez les cabernets sauvignons du Nouveau Monde, goûteux et fruités, celui-ci, à tout petit prix, vous plaira. Arômes puissants de cassis, de cacao, de poivre, d'eucalyptus, avec des notes boisées rappelant le caramel et la vanille. Ce n'est pas un grand vin, loin de là, mais dans ce style, c'est très bien fait.

11,60 $ ★★ - $ 3,7 g/l   code SAQ: 12698346

Vida Organica Cabernet Sauvignon 2015
Zuccardi, Mendoza, Argentine, 13,5 %

Boisé charmeur typique des vins d'Argentine. C'est le festival des épices au nez, avec fond de bleuet en confiture et de réglisse. Rond, presque doucereux, tanins assez présents, acidité basse. Si vous aimez les vins charnus et riches à la Ménage à Trois avec bien du bois, mais mieux fait, moins cher et surtout bio, c'est pour vous !

15,75 $
★★ - $ ½
n.d.

code SAQ: 10985827

Reserva 2012
Marqués De Riscal, Rioja, Espagne, 14 %

Avec ses notes de vanille, de havane, de vieux rhum et de raisin mûr, il est difficile de ne pas reconnaître la signature des vins de la Rioja qui séjournent traditionnellement dans des barriques de chêne américain. C'est soyeux, langoureux, pour ne pas dire racoleur, tout en demeurant civilisé par sa trame tendue et sa complexité aromatique. Impossible de ne pas succomber !

25,75 $ ★★★ - $$ ½   **1,7 g/l**

code SAQ: 10270881

Pinot Gris 2014
Au Bon Climat, Santa Barbara, États-Unis

Une version léchée, mais fort originale du pinot gris à laquelle s'ajoute du pinot blanc, deux cépages que l'on retrouve habituellement en Alsace. Un boisé senti, maîtrisé, qui apporte de l'exotisme sans jamais sombrer dans la caricature. Poire pochée, églantier, lys, résine. C'est mûr, épicé, assez épais de texture, un peu chaud en finale, mais ça reste étonnamment maîtrisé.

32,75 $ ★★★½ - $$$ ½   **n.d.**

code SAQ: 12510690

5 TRUCS POUR **NE PAS** AVOIR L'AIR FOU QUAND ON EST INVITÉ

CHEZ QUELQU'UN QU'ON CONNAÎT PEU

(ÉLYSE LAMBERT)

Ça nous arrive tous à un moment ou l'autre d'être invités chez quelqu'un qu'on connaît peu, un nouveau collègue de travail par exemple, et de ne pas savoir quelle bouteille acheter. Voici quelques conseils en ce qui a trait au flacon que vous devriez, ou pas, apporter afin de faire de cette première rencontre un succès.

1. Des bulles, un choix gagnant !

Vous ne savez pas quel vin choisir et vous ne voulez pas vous casser la tête ? Ma suggestion facile et efficace qui fait toujours plaisir : les bulles ! Optez pour un mousseux ou du champagne, en fonction de votre budget : ils donneront à votre rencontre un air festif. Évitez les produits trop sucrés et optez pour un vin mousseux « brut » qui fera un apéritif de choix. Vous pouvez même le faire refroidir au préalable si ça vous dit. Qui sait, ça pourrait servir !

2. Faire preuve d'un peu d'audace et demander à l'hôte ce qu'il compte préparer pour le repas

Si vous vous sentez à l'aise de discuter du menu avec les gens qui vous invitent, vous pouvez casser la glace en leur proposant d'apporter un vin pour accompagner un des services, que ce soit pour l'apéritif (voir recommandation n° 1), pour accompagner le fromage ou le dessert. Cela rendra la rencontre d'autant plus conviviale. Un bon conseiller en vin pourra vous aider pour les accords.

3. Espagne, Italie, Portugal : des valeurs sûres

Aucune des options ci-dessus ne vous plaît ? Qu'à cela ne tienne, certains vins rouges vous sortiront d'affaires et sauront faire plaisir à coup sûr. Les appellations bolgheri, jumilla et douro plairont aux amateurs de vins du Nouveau Monde comme du vieux continent. Ils sont généralement fruités, versatiles et disponibles dans toutes les gammes de prix. Si vous savez vos hôtes plus conservateurs (ce qui est correct aussi), optez pour un bordeaux ou un chianti qui sont aussi des valeurs sûres.

4. Si vous êtes un buveur de blanc... apportez-le !

Comme le vin blanc n'est pas consommé dans toutes les chaumières, je vous conseille, si vous êtes de ceux qui ne boivent que du blanc, d'en apporter, peu importe ce qui est au menu. Les gens qui ont l'habitude de recevoir risque d'avoir un vin blanc au froid juste au cas, mais il est aussi possible que vos hôtes ne connaissent pas vos préférences en matière de vin. Dans ce cas, apporter votre bouteille pourra vous donner l'occasion de leur faire découvrir votre blanc favori.

5. Prenez le temps d'aller à la SAQ

Cette rencontre avec vos futurs nouveaux amis arrive à grands pas ? Prenez le temps de passer à la SAQ. Même une SAQ express peut faire l'affaire. Dans ce cas, le choix de·la bulle (en recommandation n° 1) peut être une bonne option. La SAQ a toujours quelques valeurs sûres sur les tablettes ou au frigo. L'épicerie, au contraire, offre un choix limité, des produits généralement plus d'entrée de gamme et plus chers. Qui plus est, si votre hôte connaît le vin, apporter un vin d'épicerie pourrait être mal vu, même s'il est bien fait et honnête.

5 VINS
À DONNER AUX
PROFESSEURS

DE SES ENFANTS COMME CADEAU DE FIN D'ANNÉE POUR ÉVITER DE LEUR DONNER DES BABIOLES RIDICULES

(MATHIEU TURBIDE)

Tous vos amis enseignants vous le diront : leur sous-sol est plein de trucs en tous genres reçus en cadeau à la fin de l'année scolaire par les élèves (et leurs parents) reconnaissants. Des tasses, des trucs de cuisine, des bibelots, etc.

Pour éviter d'en avoir trop, beaucoup doivent subtilement les liquider dans les ventes de garage (idéalement loin du quartier de leur école pour ne pas insulter les parents).

Pourquoi ne pas leur donner une bonne bouteille ? Non seulement, ça n'encombre pas le sous-sol, mais ça leur permettra de faire passer le stress d'avoir eu à « gérer » votre marmaille tout au long de l'année !

Pour la prof chaleureuse et souriante

Château De Pennautier 2015
Cabardès, France, 13 %

Voici un merlot vraiment bien fait, provenant d'une appellation méconnue du Languedoc : cabardès. C'est un rouge coloré et ensoleillé, aux accents de fruits noirs et d'épices, avec juste ce qu'il faut de tanins pour lui donner une belle structure. La bouteille est de facture classique, par ailleurs. Elle devrait faire bon effet.

15,95 $ ★★ - $ ½   **n.d.**

code SAQ: 560755

Pour le jeu de mots facile (et une prof en or)

Syrah 2012
Columbia Valley, École N° 41, États-Unis (État de Washington), 15 %

Ce vignoble est installé dans un secteur de la vallée de Walla Walla, dans l'État de Washington, où avaient immigré des francophones – possiblement des Canadiens français – au début du XIXe siècle. Une école subsiste encore de ce passé français, d'où le nom du vin. L'École n° 41 est parmi les meilleurs producteurs de l'État. C'est une syrah puissante, avec un nez de cerises noires, de café et de belles notes florales. En bouche, c'est du solide. Un vin qui pourrait bien se conserver quelques années. À offrir à une enseignante que vous avez particulièrement aimée.

41 $ ★★★½ – $$$$ 2,8 g/l

code SAQ: 10709030

Pour le prof d'éducation physique dynamique

Monastrell Vieilles Vignes 2015

Jumilla, Bodegas Juan Gil, Espagne, 14,5 %

Si on voulait faire une analogie poche, on dirait que ce vin a de larges épaules, mais qu'il est sympathique, un peu comme un prof d'éducation physique qu'on veut remercier parce qu'il a su faire sortir le meilleur de notre enfant cette année, ou parce qu'il a organisé la meilleure sortie de canot-camping qui soit. Plus généreux que la plupart des monastrell (mourvèdre) espagnols que nous avons goûtés cette année, celui de Juan Gil se démarque aussi par sa stature sérieuse, son boisé bien intégré et sa longueur appréciable. Une aubaine.

16,45 $
★★★ – $ ½
2,7 g/l

code SAQ: 10858086

Pour la professeure distinguée

Les Vaillons 2014, Chablis 1ᵉʳ cru
Domaine Laroche, France, 12,5 %

Un chablis élégant et distingué pour une enseignante qui a de la classe. Minéral et floral au nez, avec des accents citronnés. En bouche, c'est un vin nerveux et droit, qui se déploie en longueur, montrant de belles saveurs d'agrumes et de poire. Très beau.

38 $ ★★★★ - $$$$ 2,2 g/l

code SAQ: 12840218

Pour l'enseignant artiste

La Vendimia 2015
Rioja, Bodega Palacios Remondo, Espagne, 14,5 %

Si tous les vins de Rioja pouvaient avoir cette fraîcheur et ce fruit, on serait heureux. Oui, les vins de Rioja sont typiquement boisés et vanillés, mais trop c'est comme pas assez. Ici, le fruit rouge mûr et le boisé fin se marient à merveille avec des touches de réglisse et de poivre ici et là. C'est soyeux et gras en bouche. Et la bouteille, fort jolie, plaira au meilleur des profs d'arts plastiques.

18,95 $ ★★½ - $$ 1,6 g/l

code SAQ: 10360317

LES 4 MEILLEURS (MOINS MAUVAIS) VINS SANS ALCOOL

POUR LES MADAMES ENCEINTES

(MATHIEU TURBIDE)

La plupart des femmes qui aiment le vin et qui tombent enceintes se posent la question : « Est-ce que ça existe, un bon vin sans alcool ? »

La réponse, malheureusement, c'est... pas vraiment !

Qu'on le veuille ou non, une bonne partie du goût du vin provient justement de... l'alcool qu'il contient (généralement entre 10 et 14 % de son volume). L'alcool sert aussi à transporter les arômes (d'où la présence d'alcool dans les parfums).

Donc, sans alcool, le vin devient nécessairement plus drabe.

Le vin désalcoolisé, ce n'est pas du jus, mais réellement du vin auquel on a enlevé l'alcool. La plupart du temps, le vin était au départ faible en alcool, d'où l'importante quantité de sucre qu'on trouve dans ces « vins ». Il existe plusieurs techniques pour retirer l'alcool : osmose inverse, traitement à la vapeur, traitement utilisant la force centrifuge, etc. Dans tous les cas, l'idée est de séparer l'alcool du liquide et de tenter de récupérer d'une façon ou d'une autre les arômes volatils pour les réintégrer ensuite dans le vin.

On trouve des vins désalcoolisés à la SAQ, mais aussi dans les épiceries et les dépanneurs.

En voici quelques-uns, moins mauvais que les autres...

Muscat Natureo 2015
Torres, Espagne, 0,5 %

On connaît bien la maison catalane Torres. Son muscat Natureo est fait de muscat d'Alexandrie, une variante du muscat qui produit habituellement des vins doux, à ne pas confondre avec les muscats ottonel ou d'Alsace, plus floraux. On le souligne, car ce vin sans alcool donne l'impression d'un jus de raisin frais, mais c'est aussi la signature du cépage, avec en prime un côté « muscaté », donc épicé et parfumé. En bouche, c'est rond et doux. On s'ennuie de l'alcool, mais c'est correct.

9,50 $ ★ - $ 45 g/l

code SAQ: 11334794

Cabernet sauvignon
St. Regis, Allemagne, 0,5 %

On trouve les vins St. Regis dans la plupart des épiceries du Québec. Ces vins sont faits en Allemagne à partir de raisins qui proviennent de France et d'Espagne. Encore ici, le nez donne à penser qu'il s'agit davantage de jus que de vin et la bouche est sucrée, voire lourde. On y sent des notes de raisins secs et d'épices, en finale.

9,49 $ (en épicerie)   ★ - $ **n.d.**

Festillant Mousseux
0,5 %

Nez agréable, notes de pomme ; la bouche suit, très légèrement sucrée, moins je dirais que le St. Regis, et l'ensemble a de la fraîcheur et de la tenue ; très convaincant, vraiment. En revanche, les capsules de tous les mousseux Festillant sont en plastique et mal conçues. Il faut faire attention après avoir enlevé la muselière, car on n'a pas prise facilement sur le bouchon. Méfiez-vous et tenez la bouteille loin de votre visage.

12,99 $ (en épicerie)
★ ★ - $ ½
n.d.

Festillant mousseux Mojito
0,5 %

Le mojito, comme le savent tous ceux qui vont dans le Sud l'hiver, est fait avec du rhum, du citron vert et de la menthe fraîche. Il n'y a évidemment pas de rhum ici, mais c'est très réussi sur le plan des saveurs. Le mousseux a de la vivacité et il est très désaltérant. Alcool ou non, on a vraiment le goût d'en boire. À mon sens, c'est le meilleur produit de toute la gamme de ces vins sans alcool goûtés cette journée-là.

12,99 $ (en épicerie) ★ ★ – $ ½ **n.d.**

Des vins légers ?

Au cours des dernières années, le taux d'alcool dans les vins a augmenté de quelques degrés. Il n'est plus étonnant de croiser des vins rouges à 14,5 % et des blancs à 13,5 %.

Mais qui dit alcool dit aussi calories. Car si un vin a un taux d'alcool élevé, c'est souvent parce qu'il a été fait, à la base, avec des raisins plus mûrs, donc plus sucrés. C'est le sucre (et donc l'alcool) qui fait le plus engraisser dans le vin. Il n'en fallait pas plus pour inspirer les génies du marketing et donner naissance au vin *light*.

Je ne parle pas ici des vins «sans alcool» ou désalcoolisés. Non, je vous parle vraiment de vins «allégés», auxquels on a retiré quelques points de pourcentage de taux d'alcool. Des vins de 12 % qui passent à... 9 %.

La SAQ a essayé, il y a quelques années, de suivre cette tendance et d'offrir une demi-douzaine de ces vins *light*. Ça n'a pas fonctionné.

À bien y penser, aussi bien y aller avec une bière Beck's sans alcool bien fraîche ou un bon cocktail *virgin*.

LE VIN
« NATURE »
C'EST
QUOI ?

(CLAUDE LANGLOIS)

Le vin ne se fait pas tout seul. De la conduite de la vigne jusqu'à la vinification, l'homme intervient constamment dans le processus de la transformation du raisin en vin. Sinon, ça donne du vinaigre.

Comment intervient-il ? Je résume succinctement ce que disaient à ce propos Michel Bettane et Thierry Desseauve, auteurs du guide du vin éponyme, dans un texte qui, l'an dernier, avait fait beaucoup de bruit dans le petit monde du bio.

L'homme intervient d'abord par le travail dans la vigne, en la protégeant contre les végétaux parasites, les insectes porteurs de maladies et autres micro-organismes qui peuvent lui être mortels, par l'utilisation du cuivre dans le vignoble (autorisé en culture bio), de même que des phéromones de synthèse qui font dévier la sexualité des vers de la grappe, mais qui perturbent du coup la vie d'autres prédateurs naturels bénéfiques pour la vigne, jusqu'à la fermentation des raisins en empêchant, entre autres choses, les plus indigènes des levures, les brettanomyces (« brett » pour les intimes), de contaminer les cuves par des odeurs qui détruisent toute typicité aromatique des cépages, etc.

Ce qui les amenait à dire (je les cite, pour ne pas me faire lancer moi-même des tomates) : « Si la viticulture intégralement bio est un leurre, le vin bio est une utopie totale et pire, une tromperie organisée, quand il se cache derrière le vocable de vin "naturel" ou "authentique". »

LES MOTS

Bon, vous comprendrez que je n'entrerai pas dans cette guerre entre partisans du bio et anti-bio ; sinon pour dire que, quand on prend un peu de recul, cela ressemble d'abord et avant tout à une guerre de mots.

Et s'il est indéniable que le vin n'est pas un produit naturel, en ce sens que l'intervention humaine est incontournable pour transformer le raisin en vin, il est aussi vrai qu'en intervenant moins (mais mieux), l'homme peut faire en sorte que ce produit naturel qu'est le raisin en arrive à se transformer en un autre produit, le vin, qui lui, respectera le plus possible les caractères naturellement aromatiques et gustatifs du raisin. Ça va comme ça ?

Ce qui nous ramène à la question du début : un vin « nature », c'est quoi ?

Il faut d'abord savoir que, contrairement à l'agriculture biologique qui est un « label » officiel, et donc soumis à un cahier des charges établi par l'Union européenne, et même au vin biodynamique dont la certification est soumise aux règles de deux organismes reconnus par l'industrie (Demeter et Biodyvin), il n'existe rien de tel pour ce qui est du vin « nature ».

Rien, sinon une charte créée par une association de producteurs de vins naturels, mais à laquelle aucun producteur de vin dit « nature » n'est obligé d'appartenir, ni même d'en respecter la charte.

Mais ceux qui font du vin « nature » adhèrent (j'allais dire naturellement) à cette philosophie non interventionniste dans le chai, et s'inspirent d'une pratique qui respecte les règles d'une agriculture biologique, sur des vignobles à petits rendements, n'utilisent pas de levures industrielles et n'ajoutent pas de sucre au moût, ne recourent pas à des procédés comme la micro-oxygénation ou l'osmose inversée, ne filtrent pas (ou peu) et limitent l'usage du dioxyde de soufre à des doses qui sont de 10 à 40 fois inférieures à celles autorisées.

Comme le processus de fermentation produit naturellement du soufre, on parle ici de souffre ajouté, bien que certains producteurs en ajoutent quand même une toute petite quantité, souvent à la mise en bouteille, particulièrement à l'export pour stabiliser le vin qui est plus fragile.

LES 9 MEILLEURS PRODUCTEURS DE VIN « NATURE »

QUE NOUS AVONS RENCONTRÉS CETTE ANNÉE

(PATRICK DÉSY)

D'entrée de jeu, sachez que contrairement aux vins biologiques ou de biodynamie, il n'existe pas de *label* officiel ni de cahier de charges précis pour déclarer qu'un vin est « nature ».

De manière générale, il ne doit pas contenir de soufre ajouté. Encore là, on trouve plusieurs vignerons dont les vins sont étiquetés « nature » qui en ajoutent, ne serait-ce qu'un soupçon à la mise en bouteille et personne ne s'en formalise.

L'aromatique singulier du vin « nature » peut aller de l'allumette aux parfums intenses de fruits frais. La bouche, elle, se démarque par ce que l'on qualifie souvent – quoiqu'un peu à tort – de « pureté », sorte d'exubérance inimitable donnant l'impression de croquer dans un fruit frais. Longtemps réfractaire à les commercialiser, la SAQ a commencé à élargir son offre dans ce créneau qui ne cesse de gagner en popularité auprès des Québécois. Cela dit, la majorité des vins « nature » sont vendus en importation privée. Ils sont souvent difficiles à trouver, mais n'hésitez pas à cogner à la porte des agences et repérez-les dans les restos et bars à vins du Québec ayant une « tendance nature ».

Marcel & Mathieu Lapierre
Morgon, France
Agence RéZin

Le p'tit maudit Morgon de Lapierre ! Je dis ça parce que même si ma cave déborde de Lapierre, j'en achète chaque année... C'est presque toujours le vin qui se boit le plus rapidement sur la table. La cuvée « nature », que l'on reconnaît par le petit « N » apposé en contre-étiquette (la cuvée avec soufre ajouté vendue en SAQ affiche un « S »), est souvent plus complète et plus extravagante à boire. On salue d'ailleurs l'agence RéZin qui a pris la brillante habitude de distribuer les vins un peu plus tard à l'automne afin de préserver ceux qui sont naturellement plus fragiles et sensibles à la chaleur et aux variations de température.

Jean-François Ganevat
Côtes du Jura, France
Agence RéZin

Considéré parmi les meilleurs producteurs de vins nature en France, Jean-François Ganevat s'amuse à multiplier les cuvées parcellaires. Même l'amateur averti s'y perd un peu. La magie, elle, continue d'opérer. Certaines cuvées ont beau se livrer en demi-ton, on sent toujours derrière quelque chose de supra, une force tranquille qui semble aiguiller les parties vers un tout harmonieux. Même si la demande n'a jamais été aussi forte, vous pouvez vous rabattre sur la jolie gamme disponible en SAQ.

Bruno Duchêne
Collioure, France
Agence Glou

Minutieux, intuitif, rigoureux, entêté, immensément talentueux, Bruno Duchêne bichonne ses parcelles et ses vignes comme si c'était chaque fois le dernier jour. Ce qui lui permet de s'amuser en vinification. Une toute petite production d'à peine 10 000 bouteilles. Le nombre de cuvées commence à augmenter pour notre plus grand plaisir, c'est le cas de la cuvée Inès, un vin blanc de macération en amphores sur des grenaches blancs et gris. À goûter impérativement !

Arianna Occhipinti
Sicile, Italie
Agence Oenopole

Impossible de ne pas succomber aux charmes siciliens des vins d'Arianna Occhipinti. On devine dans ses cuvées une recherche de précision, d'élégance et d'équilibre. Élaborée à partir de nero d'avola, la superbe cuvée Siccagno 2013 (44,75 $ — Code SAQ 12613955) déjouera tous ceux qui, à tort, regardent ce cépage de haut. Plus abordables et facile à trouver, les cuvées SP68 en rouge (29,65 $ — Code SAQ 11811765) comme en blanc (29,65 $ — Code SAQ 12152025) débarquent régulièrement à la SAQ.

Domaine Sextant
Saint-Aubin, France
Agence Glou

Les vins de Julien Altaber sont uniquement disponibles en importation privée, mais je vous encourage à faire l'effort de vous en procurer et d'y goûter. En tirant le bouchon de son « petit » gamay, on a l'impression que le temps s'arrête, d'une sorte de ralenti au cinéma. Même si c'est un peu brouillon, c'est d'un éclat impressionnant et d'une fraîcheur diabolique. Ève en train de croquer le fruit interdit. Un indice de picolabilité qui décoiffe. Du gros plaisir à très bon prix.

Julie Balagny
Fleurie, France
Agence Glou

Une minuscule production tenant sur environ 3 hectares, des bouteilles au compte-gouttes... C'en est presque ridicule. Autant on peut se questionner sur la pertinence d'en parler dans un livre grand public comme le nôtre, autant il est important que vous sachiez que ces vins existent. Le style des vins de Julie Balagny se rapproche beaucoup de celui d'Yvon Métras, grande référence du « nature ». La cuvée La Carioca se laisse cueillir comme une fleur au printemps alors que la cuvée Chavot sur Fleurie est un vin plus ferme, profond, et demande qu'on le laisse respirer quelques heures pour bien l'apprécier.

Clos Saron
Sierra Foothills, États-Unis
Agence Glou

À part Sine Qua Non (possiblement les vins les plus spéculatifs de l'heure avec ceux du Domaine de la Romanée Conti), il y a longtemps que nous n'avions pas goûté quelque chose d'aussi bien venant de Californie. On est loin, bien sûr, du registre des gros *CaliCultWines*, mais on arrive à y trouver autant, sinon plus de plaisir pour une fraction du prix. Curieusement, c'est la cuvée Tickled Pink 2012, un rosé à base de tempranillo et de syrah, qui nous a le plus emballé.

Pas très loin, la cuvée Carte Blanche 2012, composée d'albarino, de verdelho et de chardonnay. Un vin au grillé réductif rappelant les grands bourgognes blancs de Coche-Dury, Leroy et Roulot.

Philippe Bornard
Arbois-Pupillin, France
Agence Glou

C'est le tombeur hirsute de Pupillin. On a l'impression de l'aimer sans retenue dès le premier contact, ce voisin d'Overnoy, l'un des pères du vin « nature ». Certaines cuvées sont plus approximatives que d'autres, alors que d'autres brillent comme mille étoiles par une nuit d'été. Cela dit, on sent quelque chose d'unique dans chaque vin. Comme chez Ganevat, Philippe Bornard s'amuse à multiplier le nombre de cuvées malgré une toute petite production.

Domaine de l'Anglore
Tavel, France
Agence Glou

Eric Pfifferling est probablement LA grande coqueluche actuelle du vin « nature ». Après Paris, les vins de Pfifferling se retrouvent sur la carte des meilleurs restos de New York, Amsterdam, Londres, Sydney, et j'en passe. Installé à Tavel, dans le sud du Rhône, il propose des vins au touché sensuel, au fruit éclatant avec cette touche de confiserie qui leur ajoute un caractère gourmand inimitable.

7 BONS VINS
BIODYNAMIQUES
PAS TROP ÉSOTÉRIQUES

(PATRICK DÉSY)

Bouse de vache insérée dans une corne de bœuf enterrée aux pieds des vignes, eau dynamisée, vendange à la pleine lune, concoctions à base d'orties, forces cosmiques et autres incantations « anthroposophiques » ne sont que quelques principes de la biodynamie dont les bases ont été posées par l'allemand Rudolf Steiner au début des années 1920.

« Ne cherchez pas à comprendre », m'a un jour dit Guillaume d'Angerville du domaine éponyme à Pommard. Doté d'un esprit scientifique, il ne pouvait que constater que ses vignes en biodynamie produisaient un meilleur vin que ses vignes en agriculture dite « raisonnée ». L'idée, au fond, c'est de redonner le plus d'autonomie possible à la vigne – en éliminant les intrants chimiques – afin qu'elle puisse combattre naturellement les maladies et autres difficultés liéès à sa croissance. Voici sept suggestions parmi les meilleurs vins en biodynamie disponibles à la SAQ.

Jadis 2012
Léon Barral, Faugères, France, 13,5 %

À Faugères, dans le Languedoc, Léon Barral produit des vins fougueux, presque sauvages, mais d'un éclat toujours impressionnant. La cuvée Jadis est la plus accessible de celles présentes à la SAQ, mais elle n'est disponible qu'en petites quantités. Au moment de mettre sous presse, le 2012 était pratiquement épuisé. Surveillez les prochains millésimes.
Difficile à trouver

41 $ ★★★★ - $$$$ n.d.

code SAQ: 12427010

Pinot Blanc
Mise du printemps 2016
Josmeyer, Alsace, France, 12,5 %

Une des belles maisons alsaciennes dont les vins se vendent encore à prix d'ami. Contrairement au riesling grand cru Hengst (lui aussi disponible à la SAQ) qui demande du temps en cave pour se révéler pleinement, cette cuvée Mise du printemps est un délice immédiat en plus de remettre en lumière le pinot blanc, un cépage boudé. Un vin léger, follement aromatique sans tomber dans l'excès, fringant et d'une impressionnante buvabilité. Le 2016 devrait débarquer à la fin du printemps.

23,70 $ ★★★ - $$ ½ 2,6 g/l

code SAQ: 12604063

Les Échalas 2013
Clos Bellane, Côtes du Rhône Villages, France, 13,5 %

Cette cuvée Les Échalas faite à 100 % de marsanne donne un vin ample, presque riche, mais doté d'une acidité à la fois fine et énergique qui permet à l'ensemble de rester digeste tout en contribuant à sa complexité. Surveillez les 2014 du domaine qui devraient débarquer au courant du printemps 2017. *Difficile à trouver*

30,75 $ ★★★½ - $$$ **4,7 g/l**

SAQ code: 12235827

Brut Tradition, De Sousa & Fils
Champagne, France, 12,5 %

On fait aussi du champagne en « biody », comme on dit dans le milieu. Ceux de chez De Sousa sont à mettre sur votre liste. Un style épuré, fin et crayeux. La cuvée d'entrée de gamme donne un bel aperçu et reste « abordable », tout en nous rappelant que le champagne, ça coûte toujours un peu cher. Les autres cuvées de ce producteur, évidemment plus dispendieuses, méritent aussi votre attention.

56,50 $ ★★★ - $$$$ ½   **n.d.**

code SAQ: 12795197

D'Orthogneiss 2014
Domaine de l'Écu, Muscadet Sèvre et Maine, France, 12 %

Fred Niger, espèce de Kurt Cobain du muscadet, est un grand disciple de la biodynamie. Ses rouges comme ses blancs (une quinzaine de cuvées dont plusieurs disponibles en importation privée via l'agence Raisonnance) sont d'une précision à couper le souffle. C'est le cas de la cuvée d'Orthogneiss qui s'inscrit comme un muscadet de haute voltige, mettant merveilleusement en lumière l'opposition entre tension et amplitude. Potentiel de développement surprenant et pour pas cher en plus. Un modèle inspirant.

23,40 $
★★★ – **$$** ½
3,2 g/l

code SAQ: 10919141

Clos de la Coulée de Serrant 2009

Nicolas Joly, Savennières-Coulée de Serrant, France, 15,5 %

Impossible de parler de biodynamie sans vous parler de Nicolas Joly. Militant et passionné, c'est l'un des grands acteurs actuels du mouvement. Sa visibilité médiatique est devenue presque aussi importante que sa mythique cuvée Coulée de Serrant dont les origines sont quasi millénaires. C'est un vin parfois difficile à cerner. Les dérives oxydatives récurrentes des dernières années ajoutent au défi de s'attaquer à ce cru historique. Il n'en reste pas moins que c'est un vin qui peut donner de grands moments de dégustation, à en juger par mes expériences avec des millésimes plus anciens et bien conservés (1990, 1989, 1986, 1978).

93 $ ★★★★ - $$$$$ n.d.

code SAQ: 11763441

Soif de Loup 2015

Vignoble du Loup Blanc, Val de Cesse, France, 12,5 %

Notre ami Alain Rochard et son équipe du Loup Blanc se sont convertis à la biodynamie. Ils nous livrent en 2015 probablement la plus belle cuvée Soif de Loup que nous avons pu goûter. À vrai dire, les plus récentes cuvées du domaine dégustées donnent toutes l'impression d'un gain en précision et en digestibilité. Bravo !

20 $ ★★★ - $$ 1,2 g/l

code SAQ: 11154726

4 CONSEILS POUR BIEN RÉAGIR LORSQU'UN INVITÉ APPORTE DU VIN

(MATHIEU TURBIDE)

La scène est classique : vous recevez des invités pour souper, des collègues ou encore des amis d'enfance de votre blonde. Vous avez soigneusement choisi les vins (et de très bons) pour accompagner le repas.

Fier de lui, votre invité vous tend une bouteille de Red Revolution.

« Tu goûteras ça. Ç'a l'air que c'est ben bon », vous dit-il.

En retournant à la cuisine avec votre beau « cadeau » en main, vous songez au châteauneuf-du-pape que vous aviez acheté spécialement pour le bon repas que vous avez passé la journée à concocter.

Que faire ? Ouvrir votre bouteille ou celle de votre invité ? Qu'est-ce qui lui fera le plus plaisir : boire un grand vin ou voir si vous aimez son vin révolutionnaire ?

Il n'y a pas de règle universelle pour mettre fin à ce genre de malaise. Mais voici quelques conseils :

1. Toujours ouvrir la bouteille de votre invité.

Il faut toujours, par simple politesse, ouvrir la bouteille apportée par un invité, à moins évidemment que celui-ci ne vous précise spécifiquement de garder la bouteille pour vous ou pour votre cave. Cette règle est d'autant plus vraie si le vin est très bon : votre invité l'a probablement sélectionné avec soin et il espère le partager avec vous.

2. Lui trouver une place dans le service.

Si vous aviez prévu plusieurs bouteilles pour chaque plat, envisagez de remplacer l'une d'elles par celle de votre invité. Évidemment, si le vin est de qualité discutable, ne risquez pas de gâcher votre repas, mais arrangez-vous pour trouver un prétexte et ouvrir la bouteille en apéro. Mon truc : ouvrir une bonne bouteille de blanc au même moment et offrir le choix à mes invités. Après un verre, vous pourrez toujours vous mettre à table pour commencer le repas et ouvrir VOS bouteilles.

3. Discuter AVANT pour éviter les malaises APRÈS.

Rien de tout ça n'arriverait, cependant, si les invités prenaient le temps de discuter avec leur hôte du choix du vin, la veille ou l'après-midi avant le repas. Rien de plus simple que de demander à l'hôte ce qu'il ou elle prépare, et si les vins sont déjà choisis. L'invité peut ainsi proposer d'apporter une bouteille et demander quel genre de vin l'hôte aimerait qu'il apporte. Inversement, l'hôte peut aussi avertir ses invités qu'il s'occupe du vin (mais qu'ils peuvent apporter du pain et du fromage, c'est toujours apprécié !).

Et une chose À NE PAS FAIRE :

La pire chose à faire est certainement de laisser la bouteille sur le comptoir sans l'ouvrir ni y prêter attention. Vos invités seront froissés, à coup sûr. Et il y a peu de chances qu'ils vous invitent chez eux à leur tour !

Il y a quelque temps, sur le blogue des Méchants Raisins, nous avons demandé à nos lecteurs de répondre à la question suivante : « Si un invité arrive chez vous avec une bouteille de vin, que faites-vous ? » Les résultats étaient assez étonnants.

Sur près de 200 répondants, seulement 38 % pensaient, comme moi, qu'il vaut mieux ouvrir la bouteille au cours du repas, peu importe sa qualité.

Voici ce que les autres ont répondu :

44 % — C'est un cadeau, alors je peux bien la garder si je veux.

38 % — Peu importe la bouteille, je l'ouvre au cours du repas, c'est une question de courtoisie.

18 % — Si le vin est bon, je l'ouvre, sinon, je ne l'ouvre pas.

5 VINS ROUGES À BOIRE

SANS MANGER
(QUAND ON N'A RIEN POUR L'APÉRO)

(MATHIEU TURBIDE)

Choisir un vin pour aller avec de la nourriture, ça répond à certains critères précis. Mais choisir un vin pour boire SANS nourriture aussi.

Le premier réflexe est de se tourner vers les blancs — plus flexibles — ou encore le classique, un mousseux.

Mais que faire quand on veut boire du rouge avant le repas et qu'il n'y a pas vraiment de nourriture en accompagnement, ni tapas, ni amuse-gueules, rien ?

Laissez-nous vous donner un truc : rouge à l'apéro = merlot, beaujo, valpo, ripasso.

C'est simpliste, mais pas tant que ça. Il y a beaucoup de vins rouges qui ne peuvent être appréciés réellement sans un bon plat. Mais les beaujolais, valpolicella et les valpolicella ripasso peuvent très bien se passer de nourriture, tout comme plusieurs autres rouges, ronds, souples et coulants.

Ce qu'il faut retenir avant tout, c'est que le vin ne doit pas être trop lourd, ni tannique, ni trop acide.

Montecorna Ripasso 2014
Valpolicella, Remo Farina, Italie, 14 %

Un ripasso classique, joufflu, plein de fruits mûrs et épicé. En bouche, c'est rond, souple, tout en douceur. Les presque dix grammes de sucre se font sentir, mais sans lourdeur, comme une caresse.

19,95 $ ★★ - $$ 9,6 g/l

code SAQ: 908269

L'Ancien 2015
Beaujolais, Jean-Paul Brun, France, 12 %

L'un des bons « beaujo » disponibles réguliè-rement à la SAQ. C'est fruité et floral à la fois, léger, mais agréable, avec des notes de fraises fraîches, de cerises griottes et de fines herbes. En bouche, c'est sec, vif et joyeux, sans rudesse ni amertume.

20,95 $ ★★½ - $$ 2,4 g/l

code SAQ: 10368221

Réserve Saint-Martin Merlot 2015
IGP Pays d'Oc, Les vignerons de la Méditerranée, France, 14 %

Un beau merlot classique avec des arômes de mûres et de bleuets très mûrs. C'est lisse et coulant en bouche, sans grande vivacité, on sent l'acidité en retrait. C'est mûr et agréable. À servir frais.

10,45 $ ★½ - $ 4,6 g/l

code SAQ: 12477914

Old Bush Vine Grenache 2014
Yalumba, Australie, 13 %

On n'a pas toujours aimé ce grenache australien, mais dans ce millésime, il nous a plu. Oui, c'est boisé, mais le fruit ressort derrière (cerises, prunes). En bouche, ça reste soyeux et très savoureux. Plus costaud que les autres choix, mais un vin qui plaira aux amateurs de vins charnus.

19,95 $ ★★ - $$ **2,3 g/l**

code SAQ: 902353

Château du Grand Caumont 2014
Corbières, France, 14 %

L'un de nos abonnés à la rubrique des meilleurs vins à moins de 15 $. Il nous a épatés dans le millésime 2014. Cet assemblage de carignan, de syrah et de grenache est un modèle dans le style. Un beau nez de mûres et de cerises, avec des notes florales élégantes et une touche de poivre fraîchement moulu. En bouche, c'est tout en équilibre, rond et savoureux. Belle longueur pour un vin de ce prix. Surveillez le 2015 qui fera son arrivée sur les tablettes au cours de l'année.

14,05 $ ★★★½ - $ ½   **1,8 g/l**

code SAQ: 316620

LES 7 PLUS BELLES TERRASSES

OÙ APPORTER TON VIN
À MONTRÉAL

Les restaurants de style « apportez votre vin » sont parfaits pour ceux qui veulent vider leur cellier petit à petit, ou simplement bien manger sans remplir leur carte de crédit.

Voici donc 7 adresses où apporter votre vin et vous faire dorer au soleil vont de pair.

Trattoria Piatto Pieno

177, rue Saint-Zotique Est
514 276-1076

Petit bijou bien gardé du quartier de la Petite Italie, la Trattoria Piatto Pieno offre à sa clientèle un menu typiquement italien avec une touche de raffinement. À l'arrière du restaurant à aire ouverte, de nombreuses petites guirlandes de lumières décorent l'immense terrasse privée où il fait bon vivre les soirs de canicule. Une adresse abordable, délicieuse et chaleureuse !

La Tannerie

4255, rue Ontario Est
438 387-3877

Petit dernier du quartier Hochelaga-Maisonneuve, La Tannerie est un projet signé Paul-André Piché (également propriétaire du camion de cuisine de rue P.A et Gargantua). On peut donc s'attendre à un chavirement des papilles gustatives, et ce, sans vider son portefeuille. La terrasse est toutefois un peu petite, il est donc préférable d'y réserver vos places si vous voulez boire un verre en vous faisant dorer la couenne.

Le Chien Rose

234, rue Fleury Ouest
438 289-1793

Le menu en format tapas du Chien Rose offre des plats réconfortants inspirés de certains films ou émissions de télévision. Vous pourrez donc déguster le Pulp Fiction – une assiette de miniburger avec fromage – ou encore le Sponge Bob – une assiette de *crab cake* –, confortablement installé à leur charmante terrasse, verre de vin à la main. Que demander de plus ?

Les Héritiers

1915, avenue du Mont-Royal Est
514 528-4953

La petite terrasse du restaurant de cuisine française Les Héritiers a de quoi charmer. À quelques pas des meilleures boutiques de l'avenue du Mont-Royal, celle-ci marie à la fois tranquillité et animation puisqu'elle se situe en face d'un parc. Vous pourrez y manger du poisson frais, une bavette de bœuf marinée ou encore une cuisse d'oie confite.

Bagatelle Bistro
4323, rue Ontario Est
514 254-3838

Le service attentionné et le menu classique du Bagatelle Bistro ne déçoivent jamais. Filet mignon, jarret d'agneau, pétoncles... L'expérience culinaire est toujours à la hauteur de nos attentes. De plus, la charmante terrasse vous donnera envie de boire une bonne bouteille de vin !

Terrasse Lafayette
250, rue Villeneuve Ouest
514 288-3915

Petit restaurant de quartier, la Terrasse Lafayette est bondée les soirs de canicule puisque l'immense terrasse permet à tout le monde – ou presque – d'avoir sa place à l'extérieur. Ici, les habitués se donnent rendez-vous pour boire un verre de vin et manger une pizza sans fla-flas.

Le Jardin de Panos
521, avenue Duluth Est
514 521-4206

L'avenue Duluth est probablement la rue où l'on retrouve le plus de restaurants « apportez votre vin » à Montréal. Toutefois, de nombreuses adresses ne sont pas à la hauteur. Pour vous garantir une soirée agréable, c'est au Jardin de Panos qu'il faut vous arrêter. Ici, la cuisine est modeste, savoureuse et généreuse. La terrasse enclavée, remplie de fleurs, et les plats d'inspiration grecque vous donneront l'impression de voyager.

LES 9 MEILLEURS RESTOS « APPORTEZ VOTRE VIN »

(ÉLYSE LAMBERT)

État-Major

4005, rue Ontario Est, Montréal
514 905-8288

Restaurant sympathique dans un quartier de la ville en pleine transformation. Son décor est épuré avec une cuisine ouverte où l'on voit travailler la brigade de cuisine. Le service y est courtois et professionnel. Le menu est court et inspiré. Un de mes favoris en AVV en ce moment.

Quartier Général

1251, rue Gilford, Montréal,
514 658-1839

Ce restaurant fait partie de la même écurie que l'État-Major, avec lequel il a des airs de famille. Petit espace sympathique sur le Plateau Mont-Royal, on y mange bien et l'accueil y est attentionné. Note au lecteur, si vous êtes sensible au bruit, l'endroit, qui est presque toujours plein, peut monter en décibel rapidement. Je vous suggère aussi d'y aller en métro, le stationnement sur le Plateau étant de plus en plus compliqué.

Le Margaux

5058, avenue du Parc, Montréal
514 448-1598

Ce restaurant fait le bonheur de plusieurs de mes amis amateurs de vins qui se régalent avec leurs jolis flacons. La cuisine, juste et savoureuse, est préparée par le chef Jérôme Chatenet qui nous propose quelques spécialités du sud-ouest de la France. Un conseil : vérifiez les heures d'ouverture avant de vous déplacer.

Café Saigon

1280, rue Saint-André, Montréal
514 849-0429

Si vous voulez sortir un peu de la cuisine française et vous faire plaisir avec quelques vins blancs aromatiques, le Café Saigon fera votre bonheur avec sa cuisine vietnamienne classique. Le resto se trouve dans un coin de la ville qui ne paye pas de mine, mais les petits prix et le service rapide vous plairont. Aux dernières nouvelles, le restaurant n'acceptait pas les cartes de crédit. Apportez donc votre vin et aussi quelques billets !

Le Smoking Vallée

4370, rue Notre-Dame Ouest, Montréal
514 932-0303

Situé dans le quartier Saint-Henri, qui se refait doucement une beauté, Le Smoking Vallée est relativement nouveau dans l'offre « apportez votre vin ». J'y ai franchement très bien mangé. L'ardoise change régulièrement, ce qui est parfait pour la clientèle régulière. Les prix sont honnêtes et le resto est ouvert tous les soirs.

O'Thym

1112, boulevard de Maisonneuve Est, Montréal
514 525-3443

Petite adresse qui fait partie de l'offre AVV depuis plus de 10 ans. Le service est sympathique et la table d'hôte du midi très abordable. La nourriture est savoureuse et l'ardoise offre un peu de tout. Comme l'endroit est tout petit, si vous voulez y aller en amoureux ou pour un rendez-vous d'affaires, dites-vous que les voisins seront juste, juste à côté.

Pizzeria Napoletana

189, rue Dante, Montréal
514 276-8226

Cet établissement fondé en 1948 est la première pizzeria de Montréal. Situé dans la Petite Italie, on y propose, comme son nom l'indique, des pizzas de style napolitain. La quarantaine de pizzas au menu sont apprêtées avec des ingrédients simples. On peut accompagner son plat de salade pour se sentir moins coupable (mon petit côté fille !). Des pâtes y sont aussi proposées, mais je vote personnellement pour la pizza. C'est rustique, mais ça fait partie des classiques.

Hors de Montréal

Le Coup Monté

467, rue Notre-Dame, n° 107, Repentigny

450 704-2704

Ce sont des amis qui ont attiré mon attention sur ce restaurant ouvert depuis 2014 à Repentigny. N'ayant reçu que de très bons commentaires, je me permets de relayer l'information tout en me promettant d'aller y faire un tour sous peu. Le restaurant d'une cinquantaine de places a aussi une grande terrasse. Il est ouvert le soir seulement et fait relâche le lundi pour donner une petite journée de repos à l'équipe.

À Québec

La Girolle

1384, chemin Sainte-Foy, Québec

418 527 4141

Un classique de la Capitale-Nationale. Une cuisine française toujours irréprochable, un menu à l'ardoise qui change quotidiennement et une attention particulière portée aux amateurs de vins avec l'accès à des carafes et un service professionnel. Ouvert les midis (la semaine) et soirs, fermé le lundi.

(Patrick Désy)

UN BON SERVICE

(CLAUDE LANGLOIS)

Je ne dis pas ça parce que ça se place bien dans une conversation, mais c'est vrai : la dernière fois que je me suis fait servir un vin rouge trop chaud au restaurant, c'était en Italie.

Par contre, ça m'est arrivé aussi à quelques reprises à Montréal, ces derniers mois, mais c'était dans des minisalons, alors que les vins étaient tous à la température de la pièce, où il faisait une chaleur d'enfer.

Mais bon, au restaurant du moins, les choses sont généralement correctes.

Il est vrai qu'en restauration, le service du vin a considérablement progressé au Québec ces dernières années.

Aujourd'hui, tous les restaurants le moindrement dignes de ce nom ont sinon un sommelier, du moins quelqu'un de généralement compétent, de telle sorte que le service est plutôt bien fait.

QUANTITÉ

Reste encore à corriger (trop souvent, hélas !) la quantité de vin que le serveur verse dans le verre afin de le faire goûter au client.

Mais, sur ce plan, on n'a au moins pas à s'obstiner, comme c'est le cas avec les vins trop chauds, avec quelques obtus qui t'affirment, du haut de leur ignorance, que les rouges doivent être servis chambrés, même si on crève de chaud dans le restaurant.

Aussi, quand un serveur me verse une quantité homéopathique de vin dans mon verre pour me le faire goûter, je lui demande simplement d'en verser davantage, ce qui ne provoque jamais d'énervement.

Quelle devrait être, au juste, la quantité de vin versée ? Assez, en fait, pour pouvoir goûter correctement le vin, afin de pouvoir minimalement le sentir. Et pour cela, ça prend, oserais-je dire, une « masse critique » de vin qui va lui permettre, en agitant le verre, d'exhaler ses arômes.

Ce qui, dans un verre à dégustation normal, correspond à peu près à un peu moins du tiers du contenant, ou, si vous préférez, à environ deux onces (50 ml).

Après, surveillez votre verre, car il y a des serveurs qui en profitent pour le remplir à ras bord, de telle sorte que toute dégustation subséquente, au cours du repas, devient difficile. Misère de misère !

TEMPÉRATURE

Quant à la température de service du vin, je le répète, mieux vaut le servir un peu frais qu'un peu chaud, étant entendu qu'une fois dans le verre il se réchauffera rapidement le cas échéant.

Un rouge ne devrait jamais être servi à plus de 18°, ce qui est quand même généralement deux à trois degrés de moins que la température ambiante de nos demeures et des restaurants.

À la maison, surtout les petits rouges et surtout l'été, on les sert à 15°, point.

Sur la terrasse d'un bar ou d'un restaurant, si le vin est trop chaud, on demande un seau à glace. Et tant pis si le serveur fait une crise.

De toute façon, comme dit mon oncle Gérard, c'est nous qui payons, non ?

LES **10** RESTOS

QUI ONT CONCOCTÉ LES PLUS

BELLES **CARTES**

DES VINS

AU QUÉBEC

(PATRICK DÉSY)

L'Express

3927, rue Saint-Denis, Montréal

Une institution. Rougeard, Raveneau, Rayas, etc., tous les grands noms y sont. Des prix souvent incroyablement bas et des millésimes avec un peu d'âge. Il existe deux cartes : celle au dos du menu que l'on vous passe d'office et celle dite « parallèle » qu'il faut demander. Service hors norme. Ambiance unique. Un incontournable depuis plus de 30 ans. Chapeau !

Le Club Chasse & Pêche/Le Filet/Le Serpent

423, rue Saint-Claude, Montréal
219, avenue du Mont-Royal Ouest, Montréal
257, rue Prince, Montréal

Trio de restaurants appartenant en partie au duo bien connu que sont le chef Claude Pelletier et le restaurateur Hubert Marsolais, les trois endroits ont développé un amour inconditionnel pour le vin. On y retrouve les plus beaux flacons de l'heure, des plus classiques au plus *funky* à des prix suffisamment raisonnables. Une équipe de sommeliers de haut niveau. Un modèle à suivre.

Toqué !

900, Place Jean-Paul-Riopelle, Montréal

L'une des plus belles tables de la métropole fait honneur à sa cuisine en proposant une carte savamment élaborée avec, en bonus, des cuvées rares à des prix à la hauteur de la réputation de l'établissement. Sans oublier une brigade de sommeliers tous plus talentueux les uns que les autres et passionnés par leur métier.

Le Coureur des Bois Bistro Culinaire

1810, rue Richelieu, Belœil

En faisant l'acquisition d'une importante partie de la cave de Champlain Charest, le Coureur des Bois, situé sur la Rive-Sud, s'est rapidement taillé une place importante dans le cœur des amateurs de vin. Le propriétaire de l'établissement, lui-même grand passionné de la dive bouteille, et son équipe de sommeliers dirigée avec doigté par Ian Purtell font honneur à l'imposant inventaire proposé. Il ne reste qu'à souhaiter un brin de folie dans les vins sous les 60 $ pour l'inscrire comme un incontournable au Québec.

Bistro à Champlain
39, chemin Fridolin-Simard, Estérel

En se portant acquéreur, lui aussi, d'une grande partie de la cave de Champlain Charest, l'Estérel Resort a fait renaître ce restaurant mythique des Laurentides. Sous la gouverne du très sympathique et tout aussi talentueux sommelier Jean-Sébastien Tremblay, l'établissement réussit avec brio à perpétuer la mémoire du célèbre collectionneur.

La Salle à Manger
1302, avenue du Mont-Royal Est, Montréal

C'est LE repaire du vin « nature » à Montréal. La pétillante sommelière Lindsay Brennan s'assure d'avoir les meilleurs vins de l'heure sur sa carte qui ne cesse de bouger. La cave regorge de surprises et la sélection au verre est toujours impressionnante. Des prix justes pour un endroit d'où l'on ressort chaque fois enchanté.

La Maison de Débauche
361, rue des Forges, Trois-Rivières

Le Carlito est mort. Vive la Maison de Débauche ! C'est sans l'ombre d'un doute le meilleur endroit pour bien boire à Trois-Rivières. Tout ça, on le doit à l'acharnement et à la passion débordante de l'un de ses propriétaires, Martin Lampron. Des prix justes et une sélection impressionnante de crus prestigieux.

Le Montréal
1, avenue du Casino, Montréal

Trop peu savent que le restaurant du Casino de Montréal regorge de vins prestigieux dont une grande partie provient du défunt restaurant Nuances, autrefois coté 5 étoiles. Les prix sont d'ailleurs le point fort de cet endroit. On sait que le célèbre chef Joël Robuchon y prendra la relève avec un nouveau restaurant à la fin de l'année. Gageons que la cave à vin ne s'en portera que mieux !

Le Saint-Amour

48, rue Sainte-Ursule, Québec

Un établissement qui se passe de présentation tellement il fait rayonner la gastronomie au Québec. La carte des vins est tout aussi impressionnante et foisonne de crus prestigieux et de petites trouvailles « abordables ».

Le Hatley

575, rue Hovey, North Hatley

Le restaurant du Manoir Hovey fait honneur à la réputation internationale de l'hôtel. Non seulement on y mange comme un roi, mais le choix des vins est à faire baver les amateurs les plus exigeants. Les prix, en revanche, sont à l'avenant pour un établissement d'un tel prestige.

5 VINS POUR LE PÂTÉ CHINOIS

(MATHIEU TURBIDE)

Oui, vous avez bien lu : du vin pour le pâté chinois !
Pourquoi ? Parce que.

Parce que le pâté chinois est probablement le plat le plus mal-aimé du Québec, tout en étant le plus cuisiné. Arrosons-le d'un peu de vin pour le raviver un peu.

Et attention : il n'est pas question ici des pâtés chinois « revisités » avec de l'effiloché de canard ou de l'agneau braisé, non, non. On parle bel et bien du bon vieux « steak, blé d'inde, patates » de *La Petite Vie*.

Pour savoir quoi servir avec ce classique des classiques, pensez un peu à ce que vous versez abondamment sur votre pâté chinois... du ketchup. C'est quoi du ketchup? C'est essentiellement de l'acidité, du fruit (la tomate), du sucre, des épices et zéro amertume. Et ça se marie bien avec la viande hachée très cuite, le maïs en crème sucré et onctueux et la purée de pommes de terre – avouons-le – souvent fade.

C'est pourquoi on vous suggère d'y aller avec des vins qui, grossièrement, ont ce profil: pas d'amertume, donc pas de tanins, une bonne acidité, du fruit, un côté un peu épicé et, oui, peut-être un peu plus de sucres résiduels que la moyenne.

Capitel San Rocco 2014
Ripasso, Valpolicella Superiore, Tedeschi, Italie, 14 %

Les vins rouges de la Vénétie, particulièrement les ripasso, ont toujours beaucoup de fruit et une bonne dose de sucres résiduels, relevés par une belle fraîcheur. C'est le cas de celui-ci, un classique dans le genre, pas le moins cher, mais comme le pâté chinois ne vous a pas coûté un bras, allez-y donc pour un vin au-dessus de 20 $.

22,50 $
★★½ – $$ ½
7,2 g/l

code SAQ: 972216

Cabernet Sauvignon 2014
Grand Estates, Columbia Valley, États-Unis (Washington), 13,5 %

Encore un vin demi-sec, un cabernet américain cette fois, arrondi par un peu de merlot. Ici, c'est le côté confituré et charnu du fruit, assaisonné d'une touche de boisé rappelant la vanille, qui fera bon accord avec le pâté chinois. Si vous aimez les Ménage à Trois, Red Revolution et autres vins demi-secs américains, celui-ci sera pour vous une bonne option (et une amélioration côté qualité).

18,95 $**   ★★ - **$$ 7,5 g/l   code SAQ: 11383668

Château Pelan Bellevue 2010
Bordeaux Côtes-de-Francs, France, 13,5 %

Si vous êtes plus classique et plutôt allergique aux vins rouges demi-secs, allez-y avec ce beau petit bordeaux, composé en majeure partie de merlot. C'est un vin déjà mûr, dont les tanins se sont fondus avec le temps dans un ensemble qui garde du fruit et qui s'exprime en rondeur et en souplesse. Belle finale épicée.

18 $
★★½ - **$$**
1,6 g/l
code SAQ: 10771407

Chaminé 2015
Alentejo, Cortes de Cima, Portugal, 13,5 %

Un vin portugais tout à fait sec, mais charnu, soyeux et onctueux, aux accents de prunes et de confiture de fruits rouges. C'est souple, frais et charmeur en bouche. Beau rapport qualité-prix.

15,05 $　　　★★ - $ ½　　　2,7 g/l

code SAQ: 10403410

Et pourquoi pas un blanc?

Pinot Gris Pfaff 2015
Alsace, Caves des vignerons de Pfaffenheim, France, 13,5 %

Ce n'est pas parce que le pâté chinois est composé d'un tiers de viande hachée de bœuf qu'il faut automatiquement penser à un vin rouge. Un blanc goûteux avec une touche de sucre peut très bien se débrouiller, même si vous arrosez votre pâté chinois de ketchup (ou, mieux, de ketchup aux fruits maison). On y sent le miel, les abricots, une touche de melon avec en bouche une belle présence généreuse.

17,95 $　　　★★ - $$　　　15 g/l

code SAQ: 456244

5 VINS POUR LES SUSHIS

(ÉLYSE LAMBERT)

Que vous les ramassiez au restaurant du coin ou que vous les fassiez vous-mêmes (c'est plus simple qu'il n'y paraît !), voici cinq vins pour accompagner vos sushis.

Moschofilero 2015
Mantinia, Domaine Tselepos, Grèce, 12 %

Le moschofilero est un cépage qui, malgré sa consonance, n'a rien à voir avec le muscat. Sa peau rose et ses notes florales en font un cépage unique. L'appellation Mantinia, qui se situe dans le Péloponnèse, à environ deux heures d'Athènes, est son terroir de prédilection. Des notes de rose, de pivoine, d'acacia et de miel font place à une bouche au léger perlant (lire ici une mini effervescence) qui apporte de la fraîcheur. Si vous aimez ajouter beaucoup de wasabi et du gingembre à vos sushis, ce sera le vin parfait.

19,25 $**   ★★½ - **$$ 2,1 g/l

code SAQ: 11097485

Estate White 2015
Epanomi IGP, Domaine Gerovassiliou, Grèce, 12,5 %

Le malagousia, cépage du nord de la Grèce, a été sauvé de l'extinction par Evangelos Gerovassiliou. C'est le cépage phare du domaine éponyme. Il est ici assemblé à de l'assyrtico, LE cépage chouchou de mes amis sommeliers. Ce dernier est acide et fera contrepoids au malagousia. Fruité et charmeur, super floral et frais, le vin est droit et élégant. Ses notes de citron, d'ananas, de citronnelle et sa petite pointe d'herbe fraîche en font un compagnon parfait pour la petite entrée de poisson frais style sashimi accompagnée d'une vinaigrette asiatique à manger en entrée avant le plateau de sushis.

20,45 $**   ★★★ - **$$ n.d.

code SAQ: 10249061

Loureiro 2014

Vinho Verde, Anselmo Mendes, Portugal, 12 %

Si vous préférez les vins aromatiques sans excès, je vous propose de découvrir le loureiro. Ce cépage est le plus planté de la région des vinho verde, appellation du nord du Portugal. Régulièrement en assemblage, on le retrouve aussi en monocépage comme c'est le cas ici. Anselmo Mendes est le maître incontesté de la région et fait un loureiro tout en fraîcheur. Ses notes de lime et de laurier et son élégance en feront un produit parfait pour l'apéritif qui pourra très bien être suivi d'un plateau de sushis.

16,70 $ ★★ – $ ½ **4,3 g/l**

code SAQ: 12455088

Albariño 2015

Rias Baixas, Valminor, Espagne, 12 %

Si vous êtes du type sashimi et que vous préférez vos poissons « nature », voici une suggestion intéressante qui saura s'harmoniser avec ce qui se trouve entre vos deux baguettes. Il s'agit d'un vin à base d'albarino, grand cépage qualitatif de l'appellation Rias Baixas en Galice. Ce cépage a gagné en popularité au cours des dernières années et vaut la découverte. Le vin offre au nez des notes de pêche et est légèrement floral. Quelques notes salines nous rappellent la proximité de la mer. On l'aime pour sa texture et son acidité modérée.

18,75 $ ★★ – $$ **2,8 g/l**

code SAQ: 11667759

Cuvée Bacchus Gewurztraminer
2015
Alsace, Pfaffenheim, France, 13,5 %

L'Alsace est la région par excellence pour les accords avec le sushi. Le pinot gris, le muscat, le riesling et le gewurztraminer, cépages phares de la région, feront des compagnons de choix. Les sucres résiduels régulièrement présents dans plusieurs de ces vins, comme c'est le cas ici, viennent couper dans le piquant du wasabi. J'aime personnellement le gewurztraminer avec le gingembre ; l'intensité de l'un et de l'autre viennent s'affronter pour le plaisir de nos papilles. Pfaffenheim est un domaine classique du répertoire de la SAQ et reste une valeur sûre dans sa catégorie.

19,95 $
★★ - $$
19 g/l
code SAQ: 197228

6 VINS POUR ARROSER VOS CÔTES LEVÉES

(ÉLYSE LAMBERT)

El Petit Bonhomme 2014
Jumilla, Nathalie Bonhomme, Espagne, 14 %

Ce vin est élaboré par la Québécoise Nathalie Bonhomme, en collaboration avec le producteur Juan Gill sous l'appellation Jumilla. Située au sud de l'Espagne, cette région a le vent dans les voiles depuis quelques années avec son cépage phare, le monastrell, qu'on appelle aussi mourvèdre en France. Ce dernier est en dominance dans la cuvée El Petit Bonhomme qui est complétée par les cépages grenache et syrah. C'est une bombe de fruit bien mûr aux notes de compote de cerise, de moka et de confiture qui rappellent le gâteau forêt-noire. Sa bouche est pleine et riche, avec des notes de kirsch, de moka, de réglisse et de garrigue. Pour étirer la saison du barbecue avec une pièce de bœuf ou des côtes levées, ce sera parfait.

17,25 $**   ★★ – **$$ **2,4 g/l**

code SAQ: 12365541

Malbec Seleccion 2013
Mendoza, Alamos, Argentine

La SAQ offre plusieurs très bons malbecs à prix accessible, on serait donc fou de s'en passer. La famille Catena est l'une des grandes familles argentines a investir dans la compréhension et la promotion de ce cépage. Leur gamme Alamos offre un très bon rapport qualité/plaisir. Ce malbec sent bon la cerise noire, la mûre, la réglisse et le cacao. En bouche, il exprime la compote de bleuet, affiche de beaux tanins et de la gourmandise tout en conservant de la fraîcheur. On se régale ! Parfait avec votre prochain *mixed grill*.

19,05 $**   ★★½ – **$$ **n.d.**

code SAQ: 11015726

Malbec Barrel Select 2014
Mendoza, Bodega Norton, Argentine, 14 %

L'Argentine est le producteur par excellence du cépage malbec. Cinquième pays producteur de vin au monde, les Argentins sont aussi les plus gros consommateurs de bœuf de la planète. La grillade de bœuf et le malbec faisant bon ménage, ça en fait un accord régional de choix. Celui de la Bodega Norton fait partie des malbecs classiques à petit prix. Ses notes de mûre et de bleuet et sa pointe de réglisse et de vanille font place à une bouche riche et savoureuse. Servez-le légèrement rafraîchi, il sera un compagnon parfait pour vos grillades de bœuf et côtes levées.

14,95 $ ★★ – $ ½   **3,1 g/l**

code SAQ: 860429

Zinfandel 2013
Amador County, Easton, Domaine de la Terre Rouge, États-Unis, 14,5 %

Le zinfandel est à mon avis l'une des grandes variétés de la Californie. Ce cépage capiteux, lire ici riche en alcool, offre des notes de fruits secs et de confiture de framboises qui rendent ce vin extrêmement charmeur. La région d'Amador County en a fait sa spécialité et Bill Easton le travaille de main de maître. Compagnon de choix de la nourriture américaine, je vous le recommande chaudement avec les côtes levées et le sandwich au *pulled pork*. Ce vin répondra sans problème au sucré de la sauce. Servez-le frais pour plus de plaisir.

26 $ ★★ ½ – $$ ½   **n.d.**

code SAQ: 897132

Shiraz Organic 2015
South Australia, Yalumba, Australie, 14,5 %

La maison Yalumba a planté ses premières vignes en 1849, ce qui en fait aujourd'hui le plus vieux domaine familial d'Australie toujours en production. Quelques produits de la maison étaient déjà disponibles à la SAQ, mais voici une nouveauté de la gamme « Organic » qui nous a agréablement surpris par son prix. Le vin est riche et puissant et saura plaire aux amateurs qui aiment en avoir plein la bouche. Avec des arômes de jujube et de confiture de fraises, le vin est généreux et ultra fruité. C'est le compagnon des mets que l'on grille sur le barbecue et qu'on mange avec les mains. Bon à s'en lécher les doigts!

18,95 $ ★★ - $$ **2,2 g/l**

code SAQ: 12990531

Treana 2012
Californie, États-Unis, 15 %

Assemblage costaud de cabernet sauvignon (70 %) et de syrah (30 %), ce vin est presque noir et sent la tarte aux bleuets, la réglisse, le poivre et la vanille. Le boisé rappelle le bourbon du Kentucky, où les gens mangent beaucoup de *ribs*. C'est un vin gras, qui serait presque lourd si ce n'était de cette pointe d'acidité qui le soulève un peu. Quoi de mieux, au fond, pour accompagner la sauce BBQ du Kansas?

42,75 $ ★★★ - $$$$ **3 g/l**

code SAQ: 11334794

NOTRE
PALAIS

(CLAUDE LANGLOIS)

On passe notre vie à faire des choix, à éliminer, à « discarter », diraient certains, puis à choisir, à garder, à aimer.

Bien sûr, cela fait partie du processus d'apprentissage normal de la vie, et surtout de l'édification de notre personnalité.

En matière de vin, cette personnalité se construit évidemment au gré de nos dégustations, lesquelles révéleront nos goûts particuliers, ceux-ci étant eux-mêmes façonnés, d'une part, par nos capacités respectives de perception des composantes du vin, en ce sens que certains sont naturellement plus sensibles que d'autres à la chaleur de l'alcool, à l'acidité ou à tel type d'arômes, etc. Mais aussi, d'autre part, par notre environnement culturel global, éducation comprise, qui renforcera ou discréditera tel ou tel goût.

Ainsi, certaines cultures favorisent les épices, d'autres le sucré, d'autres encore l'amertume et l'acidité.

En matière de vin – et nous au Québec sommes bien placés pour le comprendre puisque nous sommes à la jonction de deux grands courants culturels –, le palais anglo-saxon n'aime pas trop, de manière générale, l'acidité et a un penchant pour ce qui est plus doux, plus sucré.

Le palais européen, de façon générale encore ici, appréciera davantage l'acidité, sinon l'amertume, au détriment de ce qui est sucré.

Cela dit, tous les cas de figure se retrouvent chez les amateurs de vin de ces deux grands courants culturels.

De telle sorte qu'il n'y a pas que des barolos en Italie, dont la structure tannique et acide est bien présente, mais aussi des vins aux sucres résiduels importants, comme il n'y a pas que des « chardos flabby » aux États-Unis, mais aussi des vins, rouges et blancs, bien droits et d'une grande élégance.

Et le palais des Québécois, lui ? Il est justement à la jonction, comme je le disais, des deux grands courants culturels que sont l'anglo-saxon et l'européen.

Il est nettement plus sucré quand on regarde les vins les plus populaires au Québec, et nettement plus européen quand on regarde du côté des vins de spécialités.

Cela dit, nos goûts changent au fil du temps. Dans le courant d'une vie, on peut aimer d'abord les vins souples et légers, puis finir par apprécier les vins plus consistants, plus structurés, plus boisés aussi.

Et arrive un moment dans la vie d'un amateur où il en vient à apprécier des vins moins maquillés, plus équilibrés, plus fins, des vins qui vont directement à l'essentiel.

J'oserais dire que notre goût du vin suit exactement la courbe de notre vieillissement personnel. On va de l'évidence à la nuance.

Ce qui nous apparaissait essentiel et pertinent hier prend des airs de banalité en vieillissant, et ce qui nous semblait ennuyeux en jeunesse prend au contraire des airs de sagesse.

Et le gros de notre vie se passe, comme disait la chanson, entre la jeunesse et la sagesse.

7 VINS POUR DONNER UN PEU DE GOÛT AUX PLATS VÉGÉTARIENS QUE VOTRE BLONDE VOUS FORCE À MANGER

(ÉLYSE LAMBERT)

Même si on n'est pas végétarien, on a tous un ou plusieurs proches qui ne mangent plus de viande.

Qu'ils soient végétariens, végétariens piscivores ou végétaliens, la plupart vont quand même boire du vin (sauf les véganes qui vont vouloir s'assurer que le leur n'ait pas été clarifié avec des blancs d'œufs, mais ça, c'est une autre histoire).

Les accords possibles avec des plats sans viande sont innombrables. Voici sept plats *végés* qui nous font saliver et sept vins pour les accompagner.

Carpaccio de betteraves rouges

Gamay 2015

Touraine, Domaine de la Charmoise, Henry Marionnet, France, 12 %

La betterave fait un retour en force sur les menus des restaurants depuis quelques années. Si vous aimez ce légume, voici une suggestion pour accompagner une salade ou un carpaccio de betterave rouge. Je vous propose ici de jouer avec le côté sucré de la betterave en l'accompagnant d'un rouge bien fruité et friand. Coup de cœur de l'équipe, le gamay du domaine de la Charmoise est délicieux. Ses notes de fruit rouge, de framboise et de cerise font place à de la pivoine. Bien croquant, sa bouche est élégante et ne manque pas de caractère, la finale est fraîche et droite.

18,45 $
★★★ – $$
2,3 g/l

code SAQ: 329532

Poêlée de champignons

Chianti Colli Senesi 2014
Fontalpino, Fattoria Carpineta Fontalpino, Italie, 13 %

Je déguste les vins de Gioia Cresti, la vinificatrice et copropriétaire de Carpineta Fontalpino, depuis plus de 10 ans. Elle a su au cours des dernières années raffiner son style pour nous proposer des vins plus élégants que jamais tout en conservant leur identité très italienne. Ce chianti offre une attaque sur le noyau de cerise et la prune et fait place à des notes de terre et de tabac. Il saura accompagner à merveille une poêlée de champignons. Ajoutez-y un trait d'huile d'olive et accompagnez le plat de pain de campagne grillé. Vous ne regretterez en rien l'absence de viande.

20,45 $
★★ - $$
n.d.

code SAQ: 10854085

Curry et tajines ou plats épicés au cumin

Viognier Y series
2015
Yalumba, Australie, 14,5 %

Le viognier est un cépage capricieux et difficile à maîtriser. Trop mûr, il sera pesant et manquera d'acidité. À l'inverse, un manque de maturité donnera un vin banal qui n'aura pas de personnalité. La maison australienne Yalumba travaille sont viognier année après année avec brio et le prix est doux. Le 2015 est expressif et parfumé tout en étant bien équilibré. Ses notes de miel, de fleur d'oranger et son opulence en feront un compagnon parfait pour vos currys et tajines de toutes sortes. Si vous aimez le cumin, ce sera aussi de mise.

16,95 $
★★ - $ ½
4,3 g/l

code SAQ: 11133811

Salade de fromage de chèvre ou courgettes frites et tzatziki

Estate White 2015
Biblia Chora, Pangeon IGP, Grèce, 13 %

Élaboré dans le nord de la Grèce sur un domaine d'environ 50 hectares, ce vin est un assemblage de sauvignon blanc et d'assyrtico. Si vous aimez les vins de la Loire à base de sauvignon ou le bordeaux blanc, vous en redemanderez. Il est frais, avec un nez de pêche et de pamplemousse rose, avec une jolie texture en bouche. Vous pouvez le consommer à l'apéritif ou avec une salade de fromage de chèvre. Si vous voulez la jouer à la grecque, il sera super avec quelques courgettes ou aubergines frites accompagnées de tzatziki.

20,05 $
★★½ - $$
3,3 g/l

code SAQ: 11901138

Ratatouille

Saumur-Champigny Terres Rouges 2015
Domaine Saint Just, France, 13 %

J'ai longtemps boudé le cabernet franc, cépage que je trouvais souvent un peu raide et caractériel. Je me suis réconciliée dernièrement avec de très jolis exemples de ce cépage et j'espère convertir les sceptiques avec ce saumur-champigny. Associé aux vins de la Loire, le cabernet franc est cultivé ici sur une appellation phare. Offrant un nez mûr de cassis, de fruits rouges et de graphite, il a une bouche fraîche et suave aux jolies notes herbacées qui rappelle le poivron, arôme classique de ce cépage. Délicat, précis et charmeur, il s'accordera parfaitement avec un plat de ratatouille.

21,20 $ **★★½ - $$**   **1,2 g/l**

code SAQ: 12244774

Figues rôties au miel et fromage bleu

Zinfandel 2013
Three Valleys, Ridge, États-Unis, 14,3 %

Le zinfandel est un cépage que je défends depuis plusieurs années et qui a encore malheureusement mauvaise presse à cause de sa version rosée et sucrée appelée *white zinfandel* qui le dénature de façon grossière. La maison Ridge fait partie des meilleurs producteurs de zinfandel. Des notes de confiture de framboises et épices douces suivies par une bouche généreuse et des tanins patinés. Si vous aimez les figues rôties au miel et au fromage bleu, ce sera délicieux, en plus d'offrir une alternative intéressante au plateau de fromage.

38 $ **★★★ - $$$$**   **n.d.**

code SAQ: 12328898

Entrée d'asperges
ou poireaux vinaigrette

Riesling Trocken 2015
Dr. Bürklin-Wolf, Pfalz, Allemagne, 12,5 %

Si vous aimez les rieslings allemands secs, en voici une version délicieuse à prix fort raisonnable. Le riesling se caractérise par une acidité vive, comme c'est le cas ici. Ses notes de citron frais et de miel de même que sa bouche élégante en feront un apéritif de choix, mais aussi un accord intéressant avec les asperges difficiles à marier ou un poireau vinaigrette. Complétez cette entrée avec un zeste de citron et vous créerez un tremplin aromatique magnifique à ce vin.

22,20 $
★★½ – $$ ½
3,6 g/l

code SAQ: 12299821

5 VINS ITALIENS

ITALIENS

PARFAITS

POUR LA

PIZZA

(ÉLYSE LAMBERT)

Chianti Classico 2013

San Felice, Italie, 13 %

Ce chianti est un vieux routard du répertoire général. Son étiquette ayant changé dernièrement, il se pourrait que vous ne le reconnaissiez pas sur les tablettes. Il est typique de l'appellation et a tout ce qu'on aime d'un chianti. Dominé par le sangiovese, appellation oblige, ce vin offre un très joli nez de rose séchée, de cerise et de moka. La bouche est élégante avec des notes de garrigue, de moka et de tabac. Il complétera à merveille une pizza. Et pour ceux qui en ont les moyens, si vous passez par la Toscane lors de votre prochain voyage en Italie, San Felice possède un hôtel Relais et Châteaux absolument magnifique... Parce que c'est toujours beau de rêver !

19,95 $ ★★ ½ - $$ 2,1 g/l

code SAQ: 245241

Nebbiolo 2014

Langhe, Produttori del Barbaresco, Italie, 13,5 %

La Produttori del Barbaresco a été fondé en 1958 par une poignée de vignerons qui ont mis en commun leurs efforts pour créer ce qui est aujourd'hui l'une des coops les plus compétentes au monde. Le travail à la vigne et au chai est fait sans compromis. Elle compte aujourd'hui 56 membres avec plus de 100 hectares de vignes sur la prestigieuse commune de Barbaresco. Le Langhe Nebbiolo est leur cuvée de soif, un vin travaillé avec finesse et élégance. La bouche est gourmande et a du charme. C'est un de mes chouchous et, avec de la pizza margherita, c'est tout simplement délicieux.

26,05 $ ★★ ½ - $$ ½   n.d.

code SAQ: 11383617

Mara 2014
Valpolicella Ripasso Superiore, Gerardo Cesari, Italie, 13,5 %

Le domaine familial Cesari a été fondé en 1936 et a donné le nom Mara à cette cuvée en l'honneur de la matriarche de la maison. Fait à base des cépages classiques de la région, corvina, rondinella et molinara, ce valpolicella ripasso est élaboré selon une technique bien particulière à cette région qui consiste à repasser le vin de l'année sur les lies de l'amarone pour y apporter plus de matière et de corps. Travaillé avec élégance, ce vin offre à l'attaque un nez de cerise, de fruits secs, de prune et de moka. La bouche, ronde, attaque sur des notes de raisin sec, mais fait place à la fraîcheur et à des tanins élégants. Il sera fort agréable avec une pizza aux quatre fromages.

20,60 $ ★★ − $$ **10 g/l**

code SAQ: 10703834

Masciarelli 2014
Montepulciano d'Abruzzo, Italie, 13 %

Cette appellation des Abruzzes offre traditionnellement des vins d'un bon rapport qualité-prix avec du fruit et juste ce qu'il faut de matière. Son acidité très italienne rend l'accord avec la tomate intéressant alors que sa pointe de rusticité lui apporte de l'authenticité. Notes de cassis, de fruits rouges, de prune et de moka; le vin est très bien fait, simple et honnête. Si vous aimez la pizza charcutière, ce sera votre nouvel ami.

17,20 $ ★½ − $$ **5,6 g/l**

code SAQ: 10863774

Campofiorin 2014
Rosso del Veronese, Masi, Italie, 13 %

Le dernier millésime de ce vin, l'un des favoris des Québécois depuis plusieurs années, a réussi à me surprendre par son équilibre et son côté digeste. La fabrication impliquant qu'on sèche légèrement une partie des raisins selon la méthode appelée *appassimento* lui apporte une note de raisin sec et de balsamique. Frais, aux notes de réglisse et de cerise sans être très complexe, il se boit très bien. Accompagné d'une pizza aux champignons, ce sera plus qu'agréable.

21,80 $
★★ - $$
2,1 g/l

code SAQ: 155051

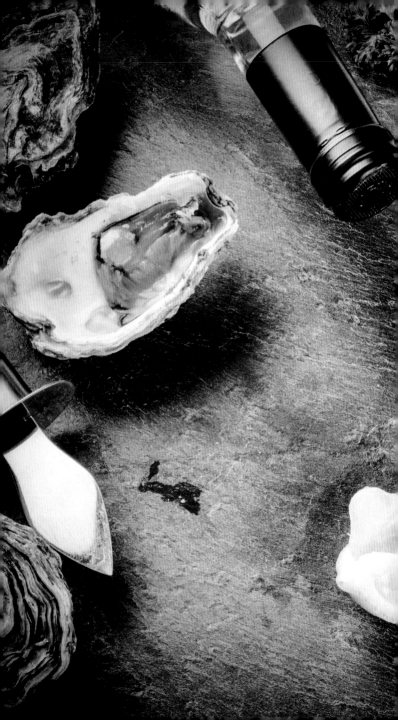

5 VINS POUR LES HUÎTRES

(ÉLYSE LAMBERT)

Les huîtres ont le vent dans les voiles depuis quelques années. On en trouve maintenant un peu partout et de toutes les sortes, des Îles de la Madeleine jusqu'aux côtes du Pacifique, en passant par le Maine et l'Île-du-Prince-Édouard. De plus en plus de gens organisent leurs propres « partys d'huîtres », alors que d'autres courent les restaurants spécialisés dans le service du fameux mollusque.

Certains les aiment avec de la sauce piquante, d'autres avec du citron ou encore arrosées de « mignonnettes », ces délicates concoctions vinaigrées. Les Méchants Raisins préfèrent leurs huîtres nature, accompagnées d'une rasade de bon vin vif et nerveux, comme ceux qu'on vous propose ici.

Mâcon-Villages Chardonnay 2015
Blason de Bourgogne, France, 13 %

Ce Mâcon-Villages a été pour nous une belle surprise lors d'une dégustation à l'aveugle. Sa bouche très fraîche, son nez d'amande et de champignon et sa petite pointe lactique nous ont aiguillés sur le chablis. C'est fort surprenant pour un vin du sud de la Bourgogne qui offre généralement un style plus ample. Celui-ci, sans être très complexe, a une jolie définition. Son prix vraiment accessible en fait une option intéressante pour un « party d'huîtres ».

17,25 $**   ★★ - **$$ 2,4 g/l

code SAQ: 10667423

Sancerre 2015
Domaine Vacheron, France, 12,5 %

Cette région du centre de la Loire où le sauvignon blanc est maître nous propose des vins aux acidités vivifiantes et souvent avec une fin de bouche bien minérale rappelant la craie et le caillou mouillé. Le sancerre du Domaine Vacheron offre un style toujours bien tendu et le millésime 2015 ne fait pas exception. C'est du grand sancerre ! Si vous aimez manger vos huîtres avec une pointe de citron frais, ce sera une harmonie parfaite.

36,25 $**   ★★★ - **$$$ ½   3 g/l

code SAQ: 10523892

Champagne Brut Réserve

Billecart-Salmon, France, 12 %

Rien de mieux que de commencer une rencontre avec du champagne et des huîtres. C'est un accord classique et luxueux qui met la table à de beaux moments de gastronomie. Billecart-Salmon est un champagne classique qui fait partie de nos favoris depuis plusieurs années. L'attaque est franche et nette et fait place à des notes de miel et de champignon. Assemblage de chardonnay à 40 % complété par du pinot meunier et du pinot noir. Il offre à la fois de la tenue en bouche et de la vivacité.

65,25 $
★★★★ – $$$$$
12 g/l

code SAQ: 10653347

Chablis Premier Cru Les Montmains
2012
Domaine Laroche, France, 12 %

Porte d'entrée du nord de la Bourgogne, la région de Chablis est le paradis des chardonnays de fraîcheur. Malheureusement touchée par la grêle dans les deux dernières années, cette région n'aura que bien peu de vins à offrir dans les années à venir et les prix seront à la hausse. Ce chablis premier cru est racé et minéral, avec une petite pointe de pierre à fusil typique de la région. Sa finale est sur des notes de noyau d'abricot avec une petite pointe de champignons rappelant la truffe. Du très beau chablis, tout à fait de mise avec des huîtres de l'Atlantique bien salines.

38 $

★★★ - $$$$

1,9 g/l

code SAQ: 11334794

Meursault 2014
Henri Boillot, France, 13 %

Voici une suggestion un peu décadente si on aime les huîtres à la Rockefeller. La richesse de ces mollusques appelle un vin qui aura de la texture et du gras, tout en conservant de la fraîcheur. Meursault est une appellation qualitative de la côte de Beaune qui saura répondre à cette exigence. La maison Henri Boillot, petit domaine familial d'une quinzaine d'hectares, élabore des vins racés. Le Meursault Village offre une attaque sur des notes de noisette, de beurre et de citron. Le vin est ultra précis et tout y est en bonnes proportions avec une superbe acidité offrant une belle tension. Un grand moment de bonheur !

70 $
★★★★½ – $$$$$
2 g/l

code SAQ: 11712880

5 VINS
« CHÂTEAU SPAGHAT »

(ÉLYSE LAMBERT)

Amarone della Valpolicella 2013
Montresor, Italie, 15 %

La maison familiale Montresor élabore des vins dans la région de la Valpolicella depuis 120 ans. Leur bouteille unique fait que le produit est facile à trouver sur les tablettes. Sous son air un peu vieillot, ce flacon cache un vin surprenant de fraîcheur et d'équilibre. Son assemblage classique de corvina, de rondinella et de molinara, séché dans les hangars selon la méthode unique d'élaboration de l'amarone, fait place à un vin aux notes de cerise, de pruneau et de garrigue. Un accord parfait avec une lasagne toute garnie ou des spaghettis à la saucisse italienne.

34,75 $ ★★★½ - $$$ ½   **5,2 g/l**

code SAQ: 240416

Rosso di Montalcino 2013
Tenuta Caparzo, Italie, 13 %

L'appellation Rosso di Montalcino, c'est un peu la petite sœur du Brunello à prix vraiment abordable. Elle se situe sur la même aire d'appellation, mais permet un vieillissement plus court, souvent sur les jeunes vignes du domaine. En voici un bel exemple avec ce Rosso à moins de 20 $. Ce vin à 100 % sangiovese offre un nez délicat d'herbes séchées, de garrigue, avec une petite pointe de réglisse. On reconnaît bien en bouche l'acidité naturelle de ce cépage qui fait place à des tanins légèrement serrés. Servi avec un osso buco et des pâtes en accompagnement, ce sera génial.

19,85 $ ★★ - $$ **1,9 g/l**

code SAQ: 713354

Etna Rosso 2014
Tenuta delle Terre Nere, Italie, 14 %

Voici la dernière appellation chouchou des sommeliers. Etna est le nom d'un volcan, mais aussi celui d'une appellation où le nerello mascalese excelle. Ce cépage ressemble à la fois au pinot noir pour son fruit et au nebbiolo pour sa structure. Le nez attaque sur le fruit rouge frais et la cerise. Sa bouche élégante aux tanins légèrement crayeux se termine sur une petite pointe fumée qui ajoute en complexité sans dominer. Je vous le recommande avec un gnocchi sauce tomate et champignons sauvages. Un accord parfait !

25,10 $**   ★★★ - **$$ ½   **n.d.**

code SAQ: 12711176

Burchino 2014
Chianti Superiore, Castellani, Italie, 12,5 %

Difficile de trouver du chianti qui se respecte à petit prix, mais en voici un bel exemple. Burchino est un domaine de 37 hectares appartenant à la famille Castellani depuis quatre générations. Le style très élégant et digeste de ce chianti surprend. L'appellation chianti oblige l'utilisation majoritaire de sangiovese, qui est ici assemblé avec d'autres cépages autochtones de la région. Ses notes florales, tournant autour de la cerise, du noyau et du kirsch, font place à une bouche aux notes de garrigue, de terre et de vieux cuir. Le vin est sans dureté. Il sera intéressant avec des pâtes à la sauce tomate agrémentées de quelques épices italiennes.

18,55 $**   ★★★ - **$$ **2,1 g/l**

code SAQ: 741272

La Massa 2014
Toscana IGP, Italie, 13,5 %

Ce vin élaboré par Giampaolo Motta a bien évolué au cours des dernières années. Amoureux des bordeaux, Giampaolo aime travailler avec les cépages de cette région. La Massa est une combinaison de sangiovese assemblé avec 30 % de cabernet sauvignon, qu'on élève en fût de chêne français. On retrouve ici un rouge joliment fruité à la bouche pleine, légèrement tannique et aux subtiles pointes de vanille. C'est un vin qui a le style et le côté racé de son propriétaire. En accompagnement, une pappardelle au canard et olives... C'est bien exotique, vous me direz. Pour plus de simplicité, associez-le à une *bistecca alla fiorentina*, accord par excellence de cette région.

28,75 $
★★★ - $$$
2,6 g/l

code SAQ: 10517759

5 VINS POUR FAIRE PASSER

PASSER
LES SAUCISSONS
(ET AUTRES CHARCUTERIES)

(ÉLYSE LAMBERT)

Vino et saucisson, c'est l'accord parfait des apéros en Europe. Et que dire des jambons crus ou cuits et des pâtés ?

Ajoutez-y du bon pain, des olives, des cornichons et c'est le bonheur.

L'Ancien 2015
Beaujolais, Jean-Paul Brun, France, 12 %

Le beaujolais de petits producteurs fait un retour en force sur les cartes de vins et les tablettes de la SAQ. Le style des vins proposés dans cette appellation a bien changé depuis quelques années. Des vins fruités et racoleurs, nous sommes passés à un style plus bourguignon offrant, pour certains, plus de matière. Le beaujolais de Jean-Paul Brun en est un bon exemple avec son attaque sur la cerise qui laisse rapidement place à des notes de pivoine et à une petite touche épicée. Fait à base de gamay, la cuvée l'Ancien fera un bon compagnon pour quelques tranches de jambon cru, des cornichons et une bonne baguette. Servez-le légèrement rafraîchi et il fera honneur à cette magnifique région.

20,95 $　　　★★½ – $$　　　**1,2 g/l**

code SAQ: 10368221

Chardonnay Estate 2012
Hidden Bench, Beamsville Bench, Canada (Niagara), 13,5 %

Lorsqu'on pense charcuteries, on pense vin rouge, mais il faut savoir que certains pâtés et terrines peuvent être complémentaires avec un vin blanc d'une certaine richesse. Prenez l'exemple des rillettes, préparation à base de chair de porc, à accompagner d'un chardonnay de Hidden Bench, domaine de grande qualité de la région du Niagara qui est tenu de main de maître par Harald Thiel. Les notes de beurre, de noisette et la petite pointe grillée apportée par le boisé se marieront à merveille avec cette préparation. Un accord cochon !

31,25 $　　　★★★½ – $$$　　　**2 g/l**

code SAQ: 12583047

Côtes-du-Rhône 2014
Jean-Paul Daumen, France, 14,5 %

Vous avez une petite envie de saucisson sec ? Sortez votre couteau et attaquez-le en l'accompagnant d'un verre de côtes-du-rhône de Jean-Paul Daumen. Ce vin digeste aux accents de framboise a du croquant et de la légèreté. Dominé par le grenache et supporté par la syrah pour lui apporter des tanins et un peu plus de chair, il est facile à boire, sans être banal. Il saura couper dans le salé du saucisson de jolie façon.

21,70 $ ★★½ – $$ **1,7 g/l**

code SAQ: 11509857

Volpolo 2014
Bolgheri, Podere Sapaio, Italie, 14,5 %

La Podere Sapaio a vu le jour il y a une quinzaine d'années. Massimo Piccin, son propriétaire, est un passionné de vin et de gastronomie. Il a su faire de ce domaine une valeur sûre à prix encore raisonnable pour l'appellation Bolgheri. Sa cuvée Volpolo est meilleure que jamais avec le millésime 2014. On sent une certaine maturité dans le style de la maison. Le vin en dominance de cabernet sauvignon est généreux et ne manque pas de tanins, bien supportés par une bouche généreusement fruitée. Il est néanmoins digeste et fera honneur à une terrine de gibier aux pruneaux.

29,05 $ ★★★ – $$$ **2,2 g/l**

code SAQ: 12488605

Driopi Agiorgitiko
2013
**Nemea, Domaine Tselepos,
Grèce, 13,5 %**

L'agiorgitiko est la variété de
rouge la plus plantée en Grèce.
C'est un cépage au nom difficile
à prononcer, mais facile à aimer
de par sa structure, offrant
toujours un fruité généreux et
des tanins présents, quoique
sans excès. Celui-ci est cultivé
par Yannis Tselepos, vigneron
de talent et passionné des
cépages autochtones de Grèce.
Au cœur du Péloponnèse, l'appellation Nemea est le terroir
de prédilection de l'agiorgitiko.
Accompagné d'un plateau de
cochonnailles et de quelques
olives Kalamata, originaires de
la région voisine, il fera l'una-
nimité.

21,25 $
★★½ – $$
2,5 g/l

code SAQ: 10701311

SUCRES RÉSIDUELS ET SUCRES RÉDUCTEURS

(CLAUDE LANGLOIS)

Déjà que la chimie n'était pas ma tasse de thé au collège, force est d'admettre que cela ne s'est pas amélioré avec le temps.

Aussi, je serai franc, je n'avais jamais entendu parler de sucres réducteurs de ma vie, jusqu'à ce que la SAQ décide d'indiquer la teneur en sucres de ses vins sur saq.com.

Pour moi, comme pour la presque totalité des amateurs de vin, oserais-je dire, les sucres qui restaient dans le vin, une fois la fermentation terminée étaient des sucres résiduels, point à la ligne.

Ce qui est effectivement le cas, sauf que le taux de sucre que la SAQ affiche sur son site, c'est celui des sucres réducteurs.

Or, ces sucres réducteurs, qui sont effectivement des sucres résiduels, ne constituent pas la totalité des sucres contenus dans le vin.

Dans la pratique, on a fini par comprendre (mais à tort, d'un point de vue strictement chimique) qu'ils désignaient l'ensemble des sucres résiduels.

Additionner les sucres

Il y a d'autres types de sucres dans le vin, tels le xylose (sucre du bois) et l'arabinose (sucre de pectine), par exemple, qui ne sont pas des sucres qui se transforment en alcool, lors de la fermentation.

Ces sucres ne sont donc pas des sucres réducteurs, contrairement au glucose et au fructose qui eux sont fermentescibles (donc « réduisent » durant la fermentation).

En conséquence, le taux de sucre qu'indique la SAQ n'en tient pas compte.

Ces sucres peuvent constituer entre 0,5 et 1,7 g/l des sucres résiduels totaux, expliquait-on au laboratoire de la SAQ.

Les amateurs qui doivent, pour des raisons de santé, tenir compte rigoureusement de la quantité de sucre absorbé dans une journée devraient donc les ajouter au taux de sucre indiqué par la SAQ.

Dans les faits, comme le consommateur ne peut pas connaître la quantité exacte de ces sucres, il vaut mieux, pour ne pas prendre de risques, ajouter systématiquement le plus gros chiffre des deux, soit 1,7 g/l.

Ainsi, prenons un vin de table sec qui contiendrait 4 g/l de sucres réducteurs.

Si on lui ajoute 1,7 g/l pour tenir compte des sucres non réducteurs (donc, 5,7 g pour 1000 ml), ça donne 4,2 grammes pour une bouteille de 750 ml.

Pour ceux qui n'ont pas à se préoccuper de leur glycémie, considérez que le taux de sucres réducteurs par litre donné par la SAQ est équivalent, à quelques fractions de grammes près, à celui des sucres résiduels totaux, une fois ce taux ramené à celui d'une bouteille de vin de 750 ml.

LES 6 « MOINS PIRES » VINS D'ÉPICERIE

(MATHIEU TURBIDE)

Non, on ne vous parlera pas du Wallaroo Trail ni du Revolution Red. Ce sont peut-être les deux vins les plus vendus au Québec, mais nous ne vous les recommandons pas du tout.

Cela dit, vous l'avez sans doute remarqué, des gens très réputés dans le milieu du vin québécois se sont associés récemment aux «vins d'épicerie». Il y a d'abord eu François Chartier, le sommelier et auteur de réputation internationale, qui a mis en marché une gamme de vins pour la chaîne IGA.

Puis, en 2016, c'est Jessica Harnois, sommelière et chroniqueuse bien en vue, qui s'est lancée dans les vins d'épicerie avec la série Bù, trois vins italiens.

Comme François Chartier, Jessica Harnois s'implique activement dans plusieurs étapes de l'élaboration des vins pour le compte du géant du vin Constellation Brands.

On ne vous contera pas de menteries : les Méchants Raisins se méfient depuis toujours des vins d'épicerie, ces créatures inventées au Québec qui peuvent se vendre dans les dépanneurs et les épiceries à condition d'avoir été embouteillées sur le territoire québécois et de ne pas indiquer (la plupart du temps) des infos comme l'appellation, les cépages utilisés ou le millésime de production.

Pourquoi toutes ces bizarreries ? Ça n'a jamais été clair, mais on soupçonne le lobbyisme, la protection du marché de la SAQ (qui se réserve le droit de commercialiser les « vrais vins »), les règles du commerce international, etc.

Toujours est-il que les vins d'épicerie ont encore aujourd'hui une mauvaise réputation tout à fait méritée. Ce sont, pour la plupart, des vins industriels, fabriqués à faible coût en Europe, en Australie ou en Amérique du Sud, transportés dans des bateaux-citernes, pas toujours dans des conditions idéales, transvidés dans des camions, puis embouteillés chez des géants comme Kruger ou Constellation Brands.

On pourrait croire que dans de telles conditions, ces vins devraient se vendre aux environs de 6 $ ou 8 $, mais non. Ils sont la plupart du temps à 9 $ pour les moins chers, 12 $ pour la moyenne et parfois plus cher. Ce à quoi vous devez ajouter les taxes de vente fédérale et provinciale car, contrairement aux prix affichés à la SAQ, ceux des épiceries ne comprennent pas les taxes de vente. Résultat : les vins de dépanneur se vendent majoritairement entre 12 $ et 19 $.

Les vins de François Chartier ou ceux de Jessica Harnois sont-ils meilleurs que la moyenne des vins d'épicerie ? La réponse est oui. Mais ils sont aussi plus chers.

Nous avons dégusté quelques dizaines de vins d'épicerie, cet été. Souvent à l'aveugle, les vins étant disséminés parmi d'autres vins, parfois à l'anonyme et quelques fois en toute connaissance de cause.

VOICI DONC SIX BONS CHOIX

PARMI CEUX QUE NOUS AVONS GOÛTÉS...

Deux de François Chartier :

Le Clou de Basile
François Chartier, Italie (i.g.t. Toscana)

Notre préféré parmi les rouges de Chartier au IGA. C'est un assemblage de sangiovese (75 %) avec 20 % de merlot et 5 % de cabernet sauvignon. Beau vin droit avec de belles notes fruitées (fraises, cerises), des touches épicées et légèrement boisées, une belle rondeur en bouche avec suffisamment d'acidité pour prétendre accompagner tout ce que François vous recommande sur l'étiquette (riz, boeuf, etc.). Seul bémol : le prix. On trouve nettement mieux à la SAQ à 20 $. Un bon choix si on n'a pas d'autre option que le IGA pour se procurer du vin à la dernière minute.

20,70 $ (17,99 $ + taxes)   ★★ - $$

Le Grand Touski
François Chartier
France (i.g.t. Côtes-de-Gascogne), 12 %

Un assemblage de colombard, ugni blanc, gros manseng et sauvignon blanc. On reconnaît ici la facture des vins des Côtes de Gascogne (pensez au gros manseng/sauvignon blanc d'Alain Brumont ou aux vins du Domaine de la Hitaire ou du Château Tariquet). C'est complexe et parfumé au nez avec des notes de mandarine, de menthe. Aérien en bouche, avec une finale sur les notes de fleurs blanches. C'est bon. Mais à 17 $, ça reste cher comparé aux vins de cette appellation disponibles à la SAQ.

17,25 $ (14,99 $ + taxes)   ★★ - $$ n.d.

Deux vins de Jessica Harnois

Bù Splendido 2015
Constellation Brands, Italie (Pouilles), 12,5 %

Un assemblage de chardonnay et de fiano, ce blanc nous a semblé plus réussi que les deux rouges. Plus satisfaisant, en tout cas. Des arômes de fleurs blanches, avec des notes de poire et de pomme. Vif en bouche, un peu mince, mais bien fait.

15,85 $ (13,79 $ + taxes)   ★½ - $ ½   n.d.

Bù Glissando 2014

Constellation Brands, Italie (Sicile), 13 %

Ce rouge est un assemblage du cépage sicilien nero d'avola et de merlot. Nez aux notes végétales (poivrons), avec des touches de canneberge et de fraise. Souple en bouche, avec des saveurs de fruits rouges plus mûrs que l'impression donnée au nez. Court, mais agréable. Meilleur que le Vivere de la même gamme.

15,85 $ (13,79 $ + taxes)
★ - $ ½
n.d.

Vraiment mal pris, au dépanneur ?

Caballero de Chili
Vin rouge, 13 %

La gamme de vins dans les véritables dépanneurs est beaucoup moins grande qu'en épicerie. Que faire si on est mal pris à ce point ? On y va avec le célèbre cavalier dans la pénombre sud-américaine. C'est un vin facile, très discret au nez, rond en bouche avec quand même un peu de structure. Correct. C'est aussi le vin idéal pour les marinades au vin rouge.

13,75 $ (12 $ + taxes pour 1 litre)

★ - $ ½   4,5 g/l   n.d.

Morgan Hill
Nouvelle-Zélande (Marlborough)

Tout dans le marketing de ce vin (notamment le design épuré blanc et gris) rappelle les sauvignons blancs de Nouvelle-Zélande. C'est ce que c'est. Si vous aimez le style, vous n'y verrez que du feu. Arômes de petits pois en conserve, de pamplemousse et de groseilles avec un peu de sucre résiduel en bouche. Servir très froid. Ressemble aux sauvignons blancs néo-zélandais de cette gamme de prix (Monkey Bay, New Harbour) mais moins bon que ceux aux environs de 18 $ (Babich, Stoneleigh, etc.).

18,75 $ (16,29 $ + taxes)   ★ - $$ n.d.

LE TOP 4 DES VINS

DE JULIA WINE
CHEZ COSTCO

(MATHIEU TURBIDE)

Costco est le plus grand vendeur de vins aux États-Unis. On y trouve, là-bas, des vins importés de France, d'Italie et d'ailleurs, de même que des vins des grands vignobles californiens, un peu comme ce qu'on trouve à la SAQ, mais avec moins de choix, évidemment.

Ici, au Canada, où la vente d'alcool est davantage réglementée, la chaîne vend des vins embouteillés au Québec, notamment les vins de l'entreprise Julia Wine, qui se targue d'importer ses vins dans de petits contenants réfrigérés de 1000 litres, moins grands que les conteneurs-citernes dans lesquels sont transportés la plupart des vins importés en vrac puis mis en bouteilles au Québec.

Vous avez été nombreux à nous demander quels étaient les meilleurs vins à se procurer chez Costco. Voici nos quatre choix, tous du producteur Julia Wine. Notez que les vins Bù de Jessica Harnois (recommandés en pages 136 et 137) sont aussi disponibles chez Costco.

Julia Cellier n° 99 2009
Julia Wine, Portugal

Un vin vraiment étonnant, fait du cépage castelão. Le bouquet est intense avec des notes de prunes, de figues et de tabac. Ça rappelle les arômes de certains portos. En bouche, c'est évolué, mais encore agréable. Le boisé est bien intégré au fruit. Beau vin.

19,40 $ (16,85 $ + taxes)
★★ ½ – $$
n.d.

Julia Cellier n° 97 2014
Julia Wine, Portugal

Un vin fruité et rustique, issu d'un assemblage de castelão et d'aragonez. Cerises et prunes au nez, puis une bouche généreuse aux tanins un peu asséchants. Finale un peu abrupte, mais somme toute agréable. À servir avec des grillades.

15,50 $ (13,49 $ + taxes)
★★ – $ ½
n.d.

The French Kiss 2015
Julia Wine, France

Un cabernet sauvignon axé sur
le fruit, qui sent la framboise
et le cassis, avec des notes
parfumées de violette. On
perçoit aussi des notes boisées.
En bouche, c'est rond et efficace.
C'est un peu plat par manque
d'acidité, mais c'est le style des
vins Julia Wine.

19,60 $ (17,05 $ + taxes)
★ ½ – **$$**
n.d.

Julia Celier n° 98 2014
Julia Wine, Portugal

Nez discret de mûres, de
mine de crayon et d'épices.
Souple en attaque, la bouche
possède des tanins charnus
et bien présents. Finale boi-
sée. Ensemble passablement
rustique.

16,50 $ (14,35 $ + taxes)
★ ½ – **$ ½**
n.d.

5 VINS PAS CHERS
À ACHETER AU LCBO EN ONTARIO
LORS D'UNE ESCAPADE À HAWKESBURY OU À OTTAWA

On n'est pas encore certain si c'est légal ou non d'importer du vin en passant d'une province à l'autre à l'intérieur du Canada (si vous avez suivi l'actualité, vous savez que ça a brassé du côté des tribunaux du Nouveau-Brunswick).

On ne vous conseille pas de briser la loi en devenant des contrebandiers, mais on vous suggère des vins – à tout petit prix – qui sont en vente en Ontario, dans les succursales du Liquor Control Board of Ontario (LCBO), l'équivalent de la SAQ. Vous les boirez bien où ça vous chante !

PARCE QU'ILS SONT
MOINS CHERS LÀ-BAS

La Vieille Ferme (rouge) 2015
Côtes-du-Ventoux, Perrin, France, 13,5 %

L'un des rouges préférés des Québécois. On imagine que les Ontariens l'aiment aussi, surtout qu'ils le paient 2 $ de moins. Cet assemblage de grenache, de syrah, de mourvèdre et de cinsault, produit par la prestigieuse famille Perrin (le superbe châteauneuf-du-pape du Château de Beaucastel), est un exemple de constance dans la qualité. Fruité, épicé et généreux en bouche.

12,60 $ (14,95 $ à la SAQ)
★★½ – $ ½   **2,2 g/l**   LCBO 263640

Vila Regia 2015
Douro, Sogrape, Portugal, 12 %

L'un des bons rapports qualité-prix à la SAQ est encore moins cher en Ontario ! À 8 $, c'est le genre de vin qu'on peut utiliser comme vin de tous les jours. C'est assez généreux, malgré son prix, avec de beaux accents de pruneaux et de mûres, des tanins présents mais bien sages.

8 $ (10,70 $ à la SAQ)
★ ½ – $ **2,1 g/l**   LCBO : 464388

La Vieille Ferme (blanc)
2015
Côtes-du-Luberon, Perrin, France, 13 %

On trouve La Vieille Ferme, le vin de négoce de la famille Perrin, partout dans le monde et toujours avec une qualité exemplaire, ce qui est remarquable pour un vin produit en aussi grande quantité. Pour 2 $ de moins qu'à la SAQ, vous avez droit à un vin blanc qui charme par ses arômes rappelant les fleurs de pommier avec des notes d'agrumes et de noisettes fraîches. La bouche est tendre, longue et équilibrée.

12,60 $ (14,95 $ à la SAQ)
★★★ − $ ½
2 g/l

LCBO: 298505

PARCE QU'ON NE LES TROUVE **PAS À LA SAQ :**

Periquita 2015
Sétubal, Jose Marai de Fonseca, Portugal, 13 %

On trouve le Periquita reserva à la SAQ, un peu plus cher (et tout aussi recommandable), mais à 9 $, celui-ci, un classique du répertoire portugais dans le monde, est une véritable aubaine. C'est un rouge doté d'un beau fruité, d'une acidité soutenue, un brin rustique, mais généreux en bouche.

9,05 $　　★ - $　　**4 g/l**

LCBO: 25262

Sauvignon blanc
Caliterra, Chili, 13,5 %

On ne trouve plus à la SAQ les vins d'entrée de gamme de la maison Caliterra, qui fut jadis fondée par un partenariat entre le Californien Mondavi et le Chilien Eduardo Chadwick de la maison Errazuriz (qui a racheté la marque depuis). C'est dommage car ce sont de bons petits vins abordables et très représentatifs des cépages sélectionnés. Ici, le sauvignon blanc est frais, vif, aux accents de groseilles, de citron et d'herbes fraîches. C'est facile, mais bien fait.

10,05 $　　★★ - $　　**2 g/l**

LCBO: 275909

11 VIGNOBLES DE L'ONTARIO À VISITER

(PATRICK DÉSY)

Pas besoin de faire six ou sept heures de vol pour aller visiter un vignoble en Europe ou sur la côte ouest américaine.

Il suffit d'une petite heure d'avion et d'une heure de bagnole pour aller dans la région de Niagara, ou trois heures de voiture pour se rendre dans le Comté du Prince-Édouard. Dans les deux cas, la route des vins n'a rien à envier aux plus beaux vignobles du monde. Voici 11 endroits à ne pas manquer !

Région de Niagara

Pearl Morissette

Ce n'est pas tellement pour le cachet du vignoble ou de la *winery* qu'on s'y rend, mais pour les vins et pour rencontrer François Morissette. Le Québécois d'origine est sans doute le meilleur exemple du sommelier qui a sauté la clôture pour devenir vigneron. En plus d'avoir trouvé un style singulier, il a réussi à pousser la qualité de ses vins au plus haut niveau de ce qui se fait à Niagara. Visite sur rendez-vous seulement.

info@pearlmorissette.com
Tél.: 905 562-4376
3953, Jordan Road, Jordan, Ontario, Canada, L0R 1S0

Hidden Bench

Endroit superbe, accueil sympathique et professionnel, ce petit vignoble qui produit annuellement 10 000 caisses est un incontournable. Si vous êtes chanceux, vous pourrez serrer la pince du Québécois Harald Thiel, un passionné de vin et de gastronomie. Production bio et suivant les principes de biodynamie. Ouvert du lundi au vendredi de 10 h à 17 h et les week-ends de 10 h à 18 h.

Tél.: 905 563-8700
4152, Locust Lane, Beamsville, Ontario, L0R 1B0

Vineland

Même si ça fait un peu « Disney », l'endroit est superbe et on y propose plusieurs possibilités de visites, de séminaires et de dégustations (la plupart payantes). Les vins ne sont pas mal non plus. Excellent restaurant sur place. Ouvert 7 jours sur 7 de 10 h à 18 h. Restaurant de 12 h à 15 h et à partir de 17 h.

Tél.: 1 888 846-3526
3620, Moyer Road, Vineland, Ontario, L0R 2C0

Queylus

Tout nouveau projet de plusieurs investisseurs québécois dont les rênes ont été confiées au talentueux Thomas Bachelder. Les vins

sont déjà à un niveau qualitatif impressionnant. L'accueil est chaleureux. Visites possibles du jeudi au dimanche.

info@queylus.com
Tél.: 905 562-7474
3651, Sixteen Road, Saint Anns, Ontario, L0R 1Y0

Tawse

Un gros projet, beaucoup de sous, donc beaucoup de moyens. Un
endroit chaleureux, un accueil professionnel. Plusieurs options de
visite et de dégustation offertes, toutes payantes. Ouvert 7 jours sur 7.

info@tawsewinery.ca
Tél.: 905 562-9500
3955, Cherry Avenue, Vineland, Ontario, L0R 2C0

Flat Rock Cellars

Petite production dans laquelle on sent une indéniable recherche
de pureté. Prix abordables en plus ! C'est accueillant et la vue est
superbe depuis la tour d'observation sur le vignoble. Ouvert 7 jours
sur 7 de mai à octobre, de 10 h à 18 h (jusqu'à 19 h le week-end), et
de 10 h à 17 h (18 h le week-end) le reste de l'année.

Tél.: 905 562-8994
2727, 7ᵗʰ Avenue, Lincoln, Ontario, L0R 1S0

Five Rows

Producteur artisan. Toute petite production. Qualité élevée.
Un style sur la retenue et la finesse. Parmi les meilleurs vins au
Canada. Il faut prendre rendez-vous.

wes@fiverows.com
Tél.: 905 262-5113
361, Tanbark Road, St. Davids, Ontario, L0S 1P0

Comté du Prince-Édouard

Norman Hardie

Probablement le meilleur vigneron de cette nouvelle région qui a
le vent dans les voiles. De plus en plus de monde, surtout en haute

saison, l'été. Les vins sont superbes et la pizza cuite au four à bois est en voie de devenir mythique. Ouvert 7 jours sur 7 de 10 h à 18 h d'avril à décembre et de 11 h à 17 h le reste de l'année (fermé le dimanche en janvier et février).

Tél.: 613 399-5297
1152, Greer Road, Wellington, Ontario, K0K 3L0

The Grange of Prince Edward County

Super endroit. Des vins intéressants. Salle de dégustation moderne aménagée dans une grange. C'est chaleureux, avec un personnel sympathique. Coin jeux et dégustation d'eau d'érable pour les enfants. Endroit parfait pour pique-niquer. Ouvert 7 jours sur 7 de 11 h à 17 h de mai à octobre et du jeudi au dimanche de 12 h à 16 h le reste de l'année.

Tél.: 613 399-1048
990, Closson Road, Hillier, Ontario, K0K 2J0

Closson Chase

Une autre grange magnifiquement rénovée. Si vous avez un mariage à célébrer, c'est le bon endroit ! Agréable terrain aménagé où l'on peut siroter un verre de chardonnay. Ouvert 7 jours sur 7 d'avril à décembre, de 11 h à 17 h, et les week-ends de 12 h à 16 h en mars et avril.

Tél.: 613 399-1418
629, Closson Road, Hillier, Ontario, K0K 2J0

Hinterland

On y va pour les vins effervescents et les cidres (très bons !), mais aussi pour la mignonne cour arrière où l'on peut se sustenter de savoureux petits plats. C'est jeune, dynamique, plutôt hipster et fort accueillant. À ne pas manquer ! Ouvert au public 7 jours sur 7 de 11 h à 18 h.

info@hinterlandwine.com
Tél.: 613 399-2903
1258, Closson Road, Prince Edward, Ontario, K0K 2J0

10 VINS CANADIENS QUE TU DOIS DÉCOUVRIR

SI TU VEUX FLATTER TA FIBRE *CANADIAN* OU SI TU REÇOIS TON AMI DE TORONTO (PATRICK DÉSY)

L'Ontario continue de s'imposer tant au niveau de la quantité que de la qualité. Après plus de 30 ans de travail, une majorité des vignes du Niagara ont atteint un âge vénérable.

Si on ajoute l'essor fulgurant des vins du Comté du Prince-Édouard, pas de doute, nos voisins sont loin devant ! La Colombie-Britannique et sa vallée de l'Okanagan ne sont pas en reste. On y trouve une belle variété, mais les vins ont tendance à s'inscrire dans un profil « Nouveau Monde » au sens large. Une mention en terminant pour la Nouvelle-Écosse, du côté de la baie de Fundy, où l'on trouve de plus en plus de vignerons qui tentent leur chance.

Riesling 2014
Niagara, Cave Spring, Canada, 11 %

Le domaine possède parmi les plus vieilles vignes du Niagara et fait partie des experts en matière de riesling. Certes demi-sec, le vin n'en demeure pas moins vibrant par son acidité maîtrisée. Un *must*.

18,05 $**   ★★½ - **$$ **19 g/l**

code SAQ: 10745532

Gamay 2014
Niagara, Malivoire, Canada, 12,5 %

Production bio pour ce petit domaine dont les vins se démarquent par leur énergie et leur côté lumineux. Le gamay s'exprime ici à merveille et se moque des 11 g de sucre tellement le vin affiche un équilibre irréprochable.
Difficile à trouver

20,90 $**   ★★★ - **$$ **11 g/l**

code SAQ: 11140498

Mineralité Chardonnay 2012
Niagara, Bachelder, Canada, 12,5 %

Le Montréalais Thomas Bachelder peut se passer de présentation tellement il incarne l'image du chardonnay et du pinot noir qualitatif d'Ontario. Son Mineralité est un bel exemple de ce que le Niagara peut produire de mieux à bon prix. Un incontournable et un exemple à suivre.
Difficile à trouver

23,25 $**   ★★★ - **$$ ½   **1,5 g/l**

code SAQ: 12610025

Pinot Noir 2013

Niagara Escarpment, Flat Rock Cellars, Canada, 12,5 %

On sent une indéniable recherche de pureté dans les vins de ce domaine à surveiller. La version 2013 du pinot noir se livre sans détour avec une matière énergique, souple et ciselée. Du beau glouglou ! *Difficile à trouver*

25,95 $ ★★★ - $$ ½ 2,1 g/l

code SAQ: 12457307

Meritage Terroir Caché 2011

Niagara Beamsville Bench, Hidden Bench, Canada, 13,8 %

Un domaine fondé par le Québécois Harald Thiel, un passionné de vin et de gastronomie. Une production complètement bio et suivant les principes de biodynamie. Un style Nouveau Monde fort bien maîtrisé pour ce vin qui saura se bonifier quelques années en cave.

39,50 $ ★★★½ - $$$$ 2,1 g/l

code SAQ: 11334794

Chardonnay 2014

Okanagan, Mission Hill, Canada, 13,5 %

Une *winery* phare de l'Okanagan. Les vins ne cessent de gagner en finesse et en précision, même pour les cuvées d'entrée de gamme comme celle-ci. Un chardonnay légèrement beurré avec assez de fond et d'acidité. Impeccable et meilleur que bien des chardo américains qui goûtent le jus de bois.

20,05 $ ★★½ - $$ n.d.

code SAQ: 11092078

Le Grand Vin 2012
Okanagan, Osoyoos Larose, Canada, 13,9 %

Vin iconique d'Okanagan. Le Français Pascal Medevon qui vinifiait le cru depuis ses débuts semblait enfin avoir trouvé l'équilibre entre la puissance, la richesse et l'élevage, donnant une certaine buvabilité à ce vin au profil californien. Depuis son départ, l'apport en bois semble avoir repris le dessus. Dommage, car le potentiel du terroir semble là.

45 $ ★★★ - $$$$ 3 g/l

code SAQ: 10293169

Pinot Noir 2014
**Okanagan Kelowna,
Quails' Gate, Canada, 13 %**

L'un des pionniers du pinot noir dans la région. C'est un peu à l'américaine avec un boisé senti, mais ça « pinotte » bien dans le verre et ça n'a rien de caricatural. Il lui manque un soupçon de pureté pour vraiment se démarquer.

28,25 $
★★★ - $$$
2,1 g/l

code SAQ: 11889669

154

Méthode Classique rosé 2011
Nouvelle-Écosse, Benjamin Bridge, Canada, 11 %

Le Québécois Jean-Benoît Deslauriers continue d'étonner avec ses vins effervescents d'inspiration champenoise. Ne vous fiez pas aux 23 g de sucre, car le vin possède une acidité surprenante qui apporte de l'équilibre et permet à la complexité de s'installer. Dispendieux, mais meilleur que bien des champagnes rosés beaucoup plus chers !

45 $ ★★★½ - $$$$ **23 g/l**   code SAQ: 12937280

Riesling 2015
Okanagan Kelowna, Tantalus, Canada, 12,3 %

Une version demi-sec du riesling qui brille par son acidité marquée et ses parfums de miel, d'abricot, de craie et de fleur blanche. Finale ample qui gagne en précision et évoque des notes de cailloux frottés. Donnez-lui de l'air (45-60 min de carafe), il n'en sera que meilleur. Bon potentiel de garde. *Difficile à trouver*

31,50 $
★★★½ - $$$
15 g/l

code SAQ: 12456726

4 OVNIS FLYÉS POUR BIBITTES À SUCRE

QU'ON OUVRE EN FIN DE REPAS POUR PARTIR SUR UNE AUTRE PLANÈTE

(PATRICK DÉSY)

Si vous avez la dent sucrée et que vous souhaitez expérimenter autre chose que du porto en fin de repas, voici quatre suggestions qui vont vous décoiffer !

Blandy's Malmsey 10 ans
Madère, Portugal, 19 %

L'impression de respirer l'air marin et de croquer dans du caramel au sel. L'acidité volatile ne vous aura jamais parue aussi belle. L'île de Madère produit parmi les vins doux oxydatifs les plus étonnants de la planète. Ils possèdent une capacité de longévité remarquable. Ce 10 ans est absolument délicieux. À défaut de mettre la main dessus, vous pouvez vous rabattre sur le Madeira Leacock's 5 ans Dry Sercial (24,95 $ - Code SAQ 10896664) tout aussi bon, quoique moins complexe.

50 $ ★★★★ - $$$$ ½   + 60 g/l

code SAQ: 10896701

Vin de Constance 2009
Klein Constantia, Afrique du Sud, 14 %

On dit que durant son exil sur l'île Sainte-Hélène, Napoléon en importait 30 bouteilles chaque mois. Le Vin de Constance a été un vin de dessert très prisé durant tout le XVIIIe siècle. Puis, en 1865, pour des raisons historiques, il a disparu. Il n'est réapparu qu'en 1986. Impossible de savoir si c'est exactement le même vin qu'au temps de Napoléon, mais une chose est certaine, il est impossible de ne pas lui succomber. Un muscat à petits grains d'une phénoménale prestance. Il y a bien quelques subtilités d'un millésime à l'autre, mais c'est toujours aussi magique. Un grand liquoreux qu'il faut goûter au moins une fois dans sa vie.

68,50 $ ★★★★ - $$$$$ + 60 g/l

code SAQ: 10999655

Les Parelles

Juravinum, Macvin du Jura, France, 17 %

De la famille des mistelles (allez consulter la section dédiée à cette boisson alcoolisée dans l'édition de l'an dernier, si vous voulez creuser), le Macvin est en train de retrouver ses lettres de noblesse. Il se distingue des autres mistelles par son caractère minéral marqué et typique du Jura. La cuvée Les Parelles de la coopérative Juravinum est une excellente façon de vous initier à ce goût distinctif.

34,50 $ ★★★ - $$$ ½ n.d.

code SAQ: 12718415

Vinsanto 1991

Argyros, Grèce, 13,5 %

Parmi mes plus belles découvertes des dix dernières années : le vinsanto de Santorin. À ne pas confondre avec le vin santo (en deux mots) d'Italie, souvent une très belle variation de la recette, mais qui n'a rien à voir avec celui de la petite île volcanique. Les raisins mûrs récoltés dans la fraîcheur de la nuit sont mis à sécher sur des clayettes, un peu comme on fait les amarones italiens. Le 1991 est tout aussi renversant que le grandiose 1990. Un nez complexe d'abricot séché, de caramel, d'écorce d'orange confite, d'anis étoilé et surtout, cette odeur d'iode, de vent marin. La bouche est encore plus impressionnante : riche, compacte, sauvage, énergique, profonde, expansive, magnifiquement équilibrée et d'une longueur kilométrique. Évidemment, à 110 $ les 500 ml, ça fait mal au portefeuille. Ce n'est pas non plus déraisonnable étant donné le travail et la quantité de raisin nécessaire pour produire une bouteille. Ça reste d'ailleurs bien moins cher que du Château d'Yquem tout en étant, selon moi, aussi bon.

110 $ ★★★★★ - $$$$$ n.d.

code SAQ: 11012568

LES **4** MEILLEURS **GADGETS** À SE PROCURER

ET LES **4** PIRES « **GOGOSSES** » QU'IL FAUT ÉVITER D'ACHETER

(PATRICK DÉSY)

À se procurer

1. Coravin

Nous vous en parlions dans la section des meilleurs moyens de préserver le vin, l'appareil Coravin est en train de faire une petite révolution dans la façon de boire et d'apprécier le vin. Son dispositif vous permet de goûter au vin sans l'ouvrir et de préserver, grâce au gaz inerte injecté, le restant de la bouteille durant plusieurs mois. Une façon originale de faire durer le plaisir.

2. Refroidisseur à vin Breville

Il est malheureusement difficile à trouver en magasin, mais on peut le commander en ligne. C'est une petite merveille qui, grâce à ses pastilles remplies d'un gel spécial que l'on place au congélateur et son système de circulation d'eau (comme les gros refroidisseurs que l'on retrouve à la SAQ), permet de refroidir le vin en moins de sept minutes. D'une efficacité déconcertante !

3. Une carafe

Ne vous laissez pas berner par les modèles de carafe/décanteur et autres réceptacles que l'on essaie de vous vendre, souvent à prix fort. Il suffit d'avoir une bonne carafe en verre solide, transparent évidemment, et comportant une base juste assez élargie pour aérer ou décanter le vin. À la limite, si vous êtes mal pris, il suffit de bien nettoyer un silex à café et le tour est joué !

4. Bouchon Champagne Stopper

C'est tout simple, mais diablement efficace et surtout bien pratique pour conserver le champagne et autres vins effervescents. Le principe consiste à emprisonner de façon hermétique le gaz carbonique qui permet au vin de pétiller. Le bouchon a évidemment ses limites : moins il reste de vin dans la bouteille, moins ce sera efficace. Avec environ la moitié de la bouteille, vous pouvez conserver le vin de 24 à 48 heures sans trop de mal. Une bonne façon de boire un verre de champagne tous les jours !

À éviter

1. Système de gestion de cave

On en trouve plusieurs sur le Web, sans parler des services haut de gamme du genre Gaspard qui permettent un suivi en temps réel de votre inventaire et de sa valeur. Personnellement, mon père gère sa cave de plusieurs centaines de bouteilles avec un système sur fichier Excel depuis plus de 30 ans et j'en fais tout autant. C'est tout aussi efficace et ça ne vous coûtera pas un kopeck. Il suffit d'être un peu assidu.

2. Refroidisseur à tige

Vous savez, cette petite tige en inox munie d'un bec verseur que l'on place au congélateur et qu'on introduit ensuite dans la bouteille pour garder le vin frais ? Non seulement ça ne dure pas longtemps, mais ça n'est pas aussi efficace qu'un seau avec des glaçons et de l'eau froide, ou que le refroidisseur Bréville dont il est question ci-contre.

3. Sabre à champagne

Outre l'aspect un peu « m'as-tu-vu », il est inutile puisque vous pouvez facilement sabrer votre bouteille de bulles avec n'importe quel couteau de cuisine pour autant que vous suiviez la ligne faible de la bouteille (le pli ou la couture à l'endroit où le verre a été fermé). Côté tranchant vers vous, allez-y d'un coup sec — mais pas brusque. Vous pourrez ainsi épater la galerie à peu de frais.

4. Les identificateurs de verre

Il est certes pratique de pouvoir repérer votre verre lorsque vous avez plusieurs invités, mais ce n'est pas une excuse pour les habiller avec des « bracelets » souvent encombrants que l'on accroche partout, sans parler de la beauté discutable de tels objets. Utilisez plutôt la bague qui recouvre le goulot de votre bouteille. Il suffit de la déchirer en lanières et d'entourer la tige de votre verre avec.

3 BONS VINS DE FIN DE SOIRÉE

QUAND ON EST TROP

BOURRÉS

POUR OUVRIR DE GRANDES

BOUTEILLES (OK, ON LE SAIT, ON DEVRAIT ARRÊTER, MAIS BON...)

(MATHIEU TURBIDE)

Vous recevez des amis qui aiment le vin autant que vous. Vous leur avez réservé de belles bouteilles. Puis, ils arrivent avec, dans les mains, chacun deux ou trois belles bouteilles qu'ils gardent dans leur cave depuis des années et qu'ils veulent absolument vous faire goûter.

Vous voilà donc avec sept ou huit belles bouteilles de vin, des flacons payés plus cher que la moyenne, et tout le monde semble impatiente de les faire déguster au groupe.

Ce cas classique mène inévitablement à un désastre : vous allez apprécier les premières bouteilles, mais après la quatrième, vos sens et, par la même occasion, votre capacité à apprécier le vin, vont s'engourdir.

Le conseil des Méchants Raisins ? N'ouvrez pas vos grands vins pour rien, en fin de soirée. Si, d'aventure, vos convives s'amusent, qu'ils ne prennent pas le volant et qu'ils veulent poursuivre la soirée avec un verre à la main, sortez des vins passe-partout, pas trop chers, digestes et pas trop costauds.

Un autre conseil des Méchants Raisins : si vous avez trop bu, c'est peut-être le temps d'arrêter ☺

Château de Gourgazaud 2015
Minervois, France, 13,5 %

Un classique. L'un des très bons vins à moins de 15 $. Nez de fruits rouges mûrs (cerises, framboises). Bouche souple, ronde, qui laisse toute la place au fruité, sans que ça soit racoleur, avec une touche d'épices. Très agréable. Rien ne dépasse. Très digeste.

13,90 $ ★★½ - $½   **2,4 g/l**

code SAQ: 22384

Bottero
Veneto, Botter, Italie

Voilà un vin sur lequel on a beaucoup de préjugés : grosse bouteille d'un litre, vin pas cher qu'on retrouve souvent comme vin maison des restaurants italiens de Montréal. Oui, tout ça est vrai. Mais il reste que dans le verre, on a un vin bien fait. Simple, soit, mais avec une acidité maîtrisée, un fruité net et une certaine élégance, si on peut dire. Et à 11,50 $ le litre, on s'entend que c'est pas cher pour un vin de tous les jours ou... de tous les soirs.

11,50 $ (pour 1 litre) ★ ½ - $ **n.d.**

code SAQ: 409888

Grande Réserve des Challières 2015
Ventoux, Bonpas, France, 14 %

On peut maintenant parler de classique, à ce prix. Un vin encore plus attrayant en 2015 qu'en 2014. Beaux arômes de cerises et de cannelle, agrémentés d'une touche de poivre et de pivoine. Franc de goût avec une acidité bien présente, sans lourdeur.

12,95 $ ★★ - $ ½ **1,6 g/l**

code SAQ: 331090

P.-S.: Pourquoi pas une bière légère ou, encore mieux, un bon verre d'eau pétillante ?

15 BIÈRES DU QUÉBEC ASSEZ BONNES

POUR VOUS FAIRE PASSER L'ENVIE DE BOIRE DU VIN

Les suggestions de Patrick

La Morsure Le Trou du diable (Shawinigan), 6,5 %

Probablement ma préférée dans les bières que l'on retrouve toute l'année et assez facilement. Dotée d'une amertume (IBU 77) qui lui donne justement du mordant, elle évoque des notes de caramel, de pamplemousse chaud et un côté à la fois sucré et résineux. Longue persistance. Excellente introduction aux bières IPA.

IBU (indice d'amertume) : **77**   ★★★

Yakima IPA Microbrasserie Le Castor (Rigaud), 6,5 %

Dans le même style que La Morsure, mais plus désaltérante, car portée par des effluves de pamplemousse plus accentués. On reste dans un profil marqué par l'amertume (IBU 75) qui plaira aux amateurs de houblon plus pointus. Ne manquez pas non plus la Session Houblon, plus légère et avec laquelle on peut facilement se faire prendre à en abuser...

IBU (indice d'amertume) : **75**   ★★★ ½

La Moralité
Dieu du Ciel (Montréal et Saint-Jérôme), 6,9 %

Vous l'aurez compris, je suis un amateur d'amertume et j'ai donc forcément une tendance à préférer les IPA. Brassée en collaboration avec John Kimmich de la brasserie The Alchemist au Vermont à qui l'on doit la mythique Heady Tropper (une bière pratiquement introuvable), cette Moralité possède une amertume presque tranchante et dégage des odeurs de pamplemousse fraîchement coupé. Impression huileuse. Finale sèche avec impression d'ester.

IBU (indice d'amertume) :

n. d.

★★★

Arcane 17 IPA

Brasserie Auval (Val d'Espoir), 5,2 %

Auval est sans doute la microbrasserie la plus impressionnante actuellement au Québec. Les amateurs font littéralement la queue pour mettre la main sur les bières du jeune et talentueux Benoît Couillard. L'Arcane 17, bien que saisonnière comme la presque totalité de la production de cette micro-brasserie gaspésienne, est habituellement la plus largement distribuée. Une bière au fruité renversant (orange, mandarine, carambole) avec un fond de basilic et d'herbe qui apporte beaucoup de caractère. Finale résineuse et harmonieuse légèrement marquée par le houblon. Pas le genre de bière avec laquelle on vire une brosse, mais c'est merveilleux en dégustation.

IBU (indice d'amertume) : **60**   ★★★★

Grisette #3

Brasserie Auval (Val d'Espoir), 4,5 %

Toujours chez Auval, cette troisième version de la Grisette est une bière vieillie en fût de chêne absolument renversante. Probablement l'une des meilleures bières que j'aie bues dans ma vie. Une finesse renversante. Couleur jaune pâle, reflets blanchâtres, brouillés, surtout à la fin. Des arômes complexes et de bonne intensité évoquant le citron, les herbes fraîches avec un fond lacté un peu *funky* qui n'est pas sans rappeler les vins « natures ». C'est léger, énergique et très fin, notamment côté bulle. L'amertume en finale se mêle à des notes de miel, ce qui la faire paraître délicate. La longueur est impressionnante.

IBU (indice d'amertume) : **77**   ★★★★

Les suggestions de Mathieu

La Rosée d'Hibiscus
**Dieu du Ciel (Montréal et Saint-Jérôme),
5,9 %**

Une bière étonnante à tous points de vue :
sa couleur rose, obtenue par la macération
de fleurs d'hibiscus est éclatante, ses arômes
floraux sont puissants et ses saveurs à la fois
fruitées et amères sont bien définies. C'est
une bière vive et rafraîchissante. Parfaite pour
changer de la Corona l'été quand il fait chaud.

IBU (indice d'amertume) **: n. d.**   ★★★ ½

Session IPA
**Saint-Ambroise, Brasserie McAuslan
(Montréal), 4,5 %**

La mode planétaire est aux IPA (India Pale
Ale), ces bières fortement houblonnées et
donc plus amères, mais aussi très vives, ce qui
les rend très rafraîchissantes. Le Québec n'y
échappe pas. Mais on constate aussi que ces
IPA sont de plus en plus souvent des bières
fortes en alcool. La brasserie McAuslan en a
produit une avec un taux d'alcool de 4,5 % et
un taux d'amertume quand même assez élevé
de 55 IBU.

IBU (indice d'amertume) **: 55**   ★★★

Trois-Portages
Les Brasseurs du Temps (Gatineau), 9 %

Les Brasseurs du Temps est l'une des brasseries les plus spectaculaires du Québec. Elle est installée sur la rive du ruisseau de la… Brasserie, en Outaouais. La Trois-Portages est l'une de leurs bières emblématiques : c'est une triple de type belge, avec de forts accents d'agrumes et d'épices. Longue et chaleureuse en bouche. Une bière de caractère.

IBU (indice d'amertume) **: n.d.** ★★★★

La Bonne Aventure Rousse
Pit Caribou (L'Anse-à-Beaufils), 5 %

Inspirés par l'île Bonaventure, visible depuis leur brasserie, les gens de la sympathique maison Pit Caribou ont créé cette bière rousse, ambrée, à la fois douce et tendre en bouche avec une amertume plaisante qui vient relever le tout.

IBU (indice d'amertume) **: n.d.** ★★★

Corps Mort Vin d'orge
À l'abri de la tempête (L'Étang-du-Nord, Îles-de-la-Madeleine), 11 %

Le Corps mort, aux Îles de la Madeleine, est une île-rocher visible au large de la côte de l'île du Havre-Aubert, qui a donné naissance à bien des légendes. La bière qui porte son nom est un vin d'orge aux accents fumés (le malt utilisé est fumé par le Fumoir d'antan, un fumoir traditionnel de harengs situé à Havre-aux-Maisons) et agrémenté de notes salines (l'air du large). C'est un nectar qu'il faut déguster tranquillement en méditant.

IBU (indice d'amertume) **: n.d.** ★★★★

Les suggestions d'Élyse

Propolis Brasserie Dunham (Dunham), 5 %

La brasserie Dunham brasse certaines de mes bières favorites au Québec. Elle explore un large éventail de styles et fait des bières audacieuses. Je vous propose ici une bière brassée dans un style belge nommé « saison », de tradition fermière, et incorporant une variété de céréales. Blonde, sèche, avec des notes de foin, d'herbes, de citron et des accents légèrement *funky*, c'est à la fois une bière de soif et une bière de dégustation combinant complexité, personnalité et profondeur. Petite note au lecteur : la brasserie Dunham a maintenant un restaurant qui s'y rattache. Ça vaut la peine de s'y arrêter pour déguster sur place et y prendre une bouchée.

IBU (indice d'amertume) : **18**   ★★★

Dorothy
Hill Farmstead (Greensboro, Vermont, États-Unis), 7 %

Oui, ça vient d'un autre pays, mais nous avons la chance de vivre à proximité du Vermont, l'État américain comptant le plus de micro-brasseries par habitant ! La plus réputée de toutes est fort probablement Hill Farmstead. La Dorothy est une bière mettant de l'avant l'expertise et la flore particulière de cette brasserie unique, combinant le caractère des levures sauvages à des accents houblonnés exotiques, le tout dans une texture caressante, aux bulles fines. Les bières de cette brasserie présentent des équilibres exceptionnels qui plairont certainement aux amateurs de vins les plus sceptiques. C'est à ne pas manquer car produit en très petite quantité... et il faut se déplacer au Vermont pour aller la chercher !

IBU (indice d'amertume) : **n. d.**   ★★★★

Grisette Arrière-Pays

Brasserie Auval (Val d'Espoir), 4,5 %

Anciennement partenaire de la brasserie Pit Caribou, en Gaspésie, Benoît Couillard a quitté le navire fin 2014 pour démarrer sa propre microscopique brasserie au Val d'Espoir, à quelques kilomètres de Pit Caribou. La Grisette est d'un style peu commun, rappelant les saisons, mais avec un taux d'alcool un peu plus faible. Le passage en fût avec la culture de levure locale confère à cette bière une délicate acidité qui la rend incroyablement digeste, élégante et nuancée. Si vous avez la chance de voir une bière d'Auval sur une tablette, sautez sur l'occasion. Sinon, il vous faudra probablement prévoir des vacances en Gaspésie...

IBU (indice d'amertume) : **n. d.**   ★★★ ½

À déguster sur place...

(pour se donner une raison d'aller boire ailleurs !)

Double Bonheur

Brasserie Le Cheval Blanc (Montréal), 7,6 %

Premier pub montréalais à avoir obtenu son permis de brassage, c'est une institution à Montréal. Pour y avoir passé quelques soirées, je peux vous assurer que cet établissement vaut le détour. Leurs bières sont originales, avec une précision et une définition qui vous donneront l'envie d'y revenir. Anciennement brasseur chez Dieu du Ciel, Isael maîtrise le houblon comme pas un. La Double Bonheur est souvent au menu, et le fait qu'elle soit poussée à l'azote, à la manière d'une Guinness, lui apporte une texture crémeuse qui sied à merveille à cette bière. Sur une base de malt pâle, elle met de l'avant un profil aromatique exubérant rappelant les fruits exotiques et les fleurs, mais avec une amertume contrôlée. Tout simplement délicieux.

IBU (indice d'amertume) : **71**   ★★★ ½

Éléphant 10
L'Amère à Boire (Montréal), 3,8 %

Peu de brasseries explorent les styles traditionnels de l'Ancien Monde, ou le font avec brio. L'Amère à Boire est probablement le « broue pub » qui élabore les meilleures bières québécoises dans des styles allemands et tchèques. L'Éléphant 10 met de l'avant une base de malt délicatement biscuitée et des houblons aux accents herbacés, citronnés et fleuris, à la manière des meilleures pilsners de République tchèque, et avec un taux d'alcool très bas en prime, rendant la deuxième pinte obligatoire. Il est difficile de réussir à la perfection des bières de soif de la sorte. L'Amère à boire y parvient parfaitement.

IBU (indice d'amertume) : **n.d.**   ★★★½

5 VINS,

2 BIÈRES

ET

1 CIDRE POUR SE

DÉSALTÉRER
QUAND IL FAIT CHAUD

(MATHIEU TURBIDE)

Ça y est : c'est la canicule ! On soupe sur la terrasse, on mange plus léger, on se tourne vers les poissons, les fruits de mer, on laisse un peu de côté les gros vins rouges costauds. Au fond, on cherche à se désaltérer, à se rafraîchir. Et ce qui rafraîchit dans le vin, c'est l'acidité. Évidemment, on parle ici d'une acidité contrôlée et bien intégrée et, pourquoi pas, parfois arrondie d'une touche de sucres résiduels.

Quatre vins blancs

Sauvignon Blanc 2015
Touraine, Domaine Bellevue, France, 12,5 %

L'un des très bons sauvignons de Loire dégustés cette année. Beaux arômes de groseilles, d'agrumes, de poivron et de poivre blanc. La bouche est tendre en attaque, puis se révèle avec une belle trame d'acidité et une longueur appréciable. Les saveurs sont persistantes et agréables. Une aubaine à ce prix.

16,95 $ ★★★ - $ ½   2,2 g/l
code SAQ: 10690404

Viña Esmeralda 2015
Pénédès, Torres, Espagne, 13,5 %

Ce vin espagnol floral et un peu sucré saura vous rafraîchir le gosier après le passage violent des ailes de poulet très épicées de type buffalo. Très désaltérant. Servez-le bien frais.

16,05 $
★★½ - $ ½
9,4 g/l
code SAQ: 10357329

Gazela 2015

Vinho Verde, Sogrape, Portugal, 9 %

Prévoyez de partir avec le vin déjà très froid et d'apporter un sac thermos ou une petite glacière. Vous pourrez ainsi profiter de ce vinho verde, un vin plaisir très unique, à faible taux d'alcool, avec une bonne dose de sucre et une effervescence perlante qui cha-touille la langue. Ça goûte la lime. Idéal en apéro.

10,95 $
★★ – $
12 g/l
code SAQ: 10667351

Domaine du Tariquet Classic 2015

Côtes de Gascogne, France, 10,5 %

C'est frais et vif, malgré une pointe de sucre qui arrondit le tout. De beaux arômes floraux et de pomme verte. C'est aussi léger, dans tous les sens : c'est l'un des rares vins français à afficher seulement 10,5 % d'alcool. Bon pour l'apéro ou sur des huîtres.

12,95 $
★★★ – $ ½
5,1 g/l
code SAQ: 00521518

Un vin rouge

Gamay 2015
Touraine, Domaine de la Charmoise, Henry Marionnet, France, 12 %

Le gamay, qu'on connaît surtout comme le cépage des vins du Beaujolais, est aussi cultivé dans la Loire. Celui-ci regorge de fruit — l'étiquette dit même «Vin très fruité». Mais n'allez pas croire qu'il est sucré, il est très sec, ce n'est pas la même chose ! Ça sent bon la framboise, la fraise avec une légère note poivrée. La bouche est tendre et juteuse, mais tout en finesse. Sans lourdeur. On aime ! Servir frais à 14 degrés (environ 20 minutes au frigo).

18,15 $
★★★ − $$
2,3 g/l

code SAQ: 00329532

Deux bières

Yakima IPA
Microbrasserie Le Castor, 6,5 %

L'une des bonnes IPA du Québec, désaltérante et rafraîchissante, sans être trop amère
comme le sont souvent les IPA. De beaux
arômes fruités (agrumes) et épicés. Belle
longueur. À découvrir absolument !

IBU (indice d'amertume) : **75**   ★★★

La Blonde de l'Anse
**Microbrasserie Pit Caribou, Anse-à-Beaufils,
plusieurs formats, 5 %**

La microbrasserie gaspésienne Pit Caribou est
devenue, avec raison et beaucoup de mérite,
l'une des plus réputées du Québec. On trouve
ses bières un peu partout maintenant, dans
les épiceries et dépanneurs spécialisés en
bières de microbrasseries. La Blonde de l'Anse
est la plus accessible du lot. C'est une ale
simple, légère, aux notes de houblon frais, de
céréales et de miel. Rafraîchissante à souhait.
Parfait pour vos invités qui veulent essayer
autre chose que les bières industrielles, mais
sans tomber dans des bières trop marquées.

IBU (indice d'amertume) : **17**   ★★ ½

Un cidre

Hugues Original pomme et houblon

Cocktail au cidre pétillant gazéifié, Domaine de Lavoie, Québec

Voici un cidre pétillant dans lequel on a fait macérer du houblon de bonne qualité. Un peu comme un cidre qui se prendrait pour une bière. Le résultat est vraiment étonnant, désaltérant, sec, avec juste assez de fruit (pomme, épices) et d'amertume, dans une belle finale houblonnée.

13,20 $
★★★½ – $ ½
15 g/l

code SAQ: 12641921

7 VINS POUR SE RÉCHAUFFER QUAND IL FAIT - 30º AU MOIS DE JANVIER

(PATRICK DÉSY)

« Y fâ frêtte ! » Troisième tempête en une semaine. « Le char partait pas », comme chante Charlebois. Tout est gelé. Les narines coulent, la peau sèche. Fait noir à 16 h.

L'hiver total de janvier nous tient prisonniers. Rien de mieux pour s'en libérer que de tirer le bouchon d'une bonne bouteille remplie de soleil ! D'autant plus que certains vins se prêtent mieux à la saison hivernale. C'est le cas des bouteilles affichant un taux d'alcool au-dessus de 13 %, des vins sudistes gorgés de chaleur aux tanins plus corsés et à la texture plus riche.

Les Laquets 2011
Cosse Maisonneuve, Cahors, France, 13,5 %

Oubliez les Cahors puissants et rustiques qui égratignent le palais. Matthieu Cosse et Catherine Maisonneuve produisent parmi les meilleurs vins de cette jolie région du Sud-Ouest. Tout est bio et biodynamique. Les cuvées du domaine sont déterminées par la spécificité des sols. Dans le cas des Laquets, il s'agit de malbecs d'une quarantaine d'années poussant sur un sol argilograveleux. C'est un rouge profond, séduisant et d'une fraîcheur surprenante. À la fois corsé et soyeux, il réchauffe l'âme et le cœur en toute occasion. Bon potentiel de garde.

42 $ ★★★★ - $$$$ 1,9 g/l

code SAQ: 10328587

Domaine Les Béates 2013
Coteaux d'Aix-en-Provence, France, 14 %

Un domaine provençal dont le rosé figure chaque année parmi les préférés des Méchants Raisins. Passé un peu sous les radars, le rouge du domaine se démarque par sa netteté aromatique, sa puissance sudiste maîtrisée et son potentiel de développement en cave. Sautez sur le 2014, meilleur millésime, qui devrait débarquer à la fin du printemps 2017.

27,20 $ ★★★ - $$$ 1,6 g/l

code SAQ: 11358260

Les Bretèches 2013
Château Kefraya, Liban, 13,5 %

Belle tenue pour ce petit vin libanais qu'on devine bourré de soleil. Nez au départ étrange, un peu terne, mais qui s'intensifie et se développe de belle façon au contact de l'oxygène. Parfums déroutants de céréales, de soya, d'humus, d'encre, d'aneth et de fruits noirs. Bouche assez nourrie, des tanins un peu rugueux, voire fermes, mais la matière et l'acidité permettent d'atteindre l'équilibre. Il manque peut-être de légèreté, mais il sera le meilleur compagnon des brochettes de kebab. Surprise assurée !

16,45 $ ★★ - $ ½   2,1 g/l

code SAQ: 443317

Lirac 2013
Château Mont-Redon, France, 14,5 %

La famille Abeille ne cesse d'étonner par la qualité de ses vins. Notes de chocolat, de cigare, cerise noire et côté caoutchouc. Bouche souple, juteuse, généreuse, avec une certaine rondeur sudiste. Tanins enrobés, acidité basse, mais le tout montre beaucoup de tenue et se termine sur une finale au fruité déployé. Un lirac qui vaut bien des châteauneuf-du-pape et qui donne l'impression de sentir l'été !

24,95 $ ★★★ - $$ ½   2,2 g/l

code SAQ: 11293970

Château Trillol 2012
Corbières, France, 14,5 %

Un vin bourré de soleil provenant du Languedoc, dans le sud de la France. Grenache, carignan et syrah donnant un rouge généreux, du fruit en masse, comme de la confiture de figues, de dattes. La bouche suit avec une matière nourrie, des tanins mi-corsés, une impression granuleuse, donnant un ensemble rustique, sapide et qui charme par son authenticité. Finale capiteuse, mais qui ne dérange pas l'équilibre du vin. Évolution sur des notes de garrigue et de cerise noire.

18,45 $**   ★★★ - **$$ **n.d.**

code SAQ: 523274

Mencia 2010
Pittacum, Bierzo, Espagne, 14,5 %

Un colosse espagnol. Pas mal de réduction (notes de carton, de cave, d'allumette) au départ, mais ça se dissipe. Tonalités de cacao, de goudron et... de Coke aux cerises ! Riche, concis, juteux, gourmand et digeste à la fois. Masse tannique bien intégrée au fruit mûr. Impression calcaire en finale qui perdure de belle façon. Passage en carafe de 30 à 45 minutes suggéré.

21,05 $**   ★★★ ½ - **$$ **n.d.**

code SAQ: 10860881

Vintage 2013
Mas Amiel, Maury, France, 16 %

Un peu de sucre pour terminer. Une appellation mythique du Roussillon. Sans doute l'une des plus belles maisons de vin doux naturel. Cent soixante-dix hectares au total. Ici, le grenache noir est roi. Des parfums de pruneau, de garrigue, de cacao et d'épices. Une bouche ample, caressante, richement constituée, presque tannique, mais qui possède beaucoup d'énergie et garde beaucoup de fraîcheur. Le parfait compagnon du chocolat en fin de repas. Potentiel de garde impressionnant.

21,65 $ (375 ml)
★★★★ - $$
81 g/l

code SAQ: 733808

L'ÎLE DÉSERTE

(CLAUDE LANGLOIS)

Combien de fois, plus jeune, a-t-on joué le jeu : si t'avais juste un livre, un disque, une photo, un film à apporter sur une île déserte, ce serait quoi ?

Ça vaut aussi pour le vin, évidemment. « Tu as le droit d'apporter une caisse de vin, tu la remplirais avec quoi ? »

La question m'est revenue en tête, l'autre jour, alors que j'ouvrais une bouteille de barolo, le barolo (quand il est bon, cela va de soi) dont je suis devenu un *fan* fini.

« Tu sais, sur mon île déserte, que j'ai dit à ma blonde, c'est sûr qu'il y aurait du barolo dans ma caisse de vin. »

Va pour le barolo, mais quoi encore ? D'abord, il y aurait une bouteille de champagne et une bouteille de bulles plus modeste.

Le champagne, ce serait pour le jour où on me trouverait enfin, sur mon île déserte. À moins que ce ne soit pour la fois où « une » Vendredi arriverait sans crier gare sur mon île.

Dans ce cas, j'évaluerais lequel des deux événements commanderait le champagne plutôt que les modestes bulles.

Il y aurait aussi du blanc, évidemment. Du chablis, à coup sûr, pour les coquillages qui seraient sûrement abondants et faciles à pêcher pour le flemmard que je suis, sinon un bon muscadet ou un sancerre.

Un chardonnay crémeux de la côte de Beaune aussi, évidemment, pour la fois où un gros thon viendrait s'échouer dans mon filet.

Mais aussi, pour l'apéro sur un coucher de soleil d'anthologie, un petit blanc léger (genre un Gentil d'Alsace, devinez lequel), ou un grüner veltliner d'Autriche, un soave d'Italie, et pourquoi pas un riesling bien droit d'Australie ?

J'allais oublier un manzanilla, pour quand mon Andalousie chérie me manquerait trop.

Et bien sûr un liquoreux de la Loire (Quart-de-chaume, Coteaux du Layon, Bonnezeaux...), sinon un sauternes, ou une vendange tardive d'Alsace ou d'Allemagne, ou bien un vin de glace du Québec pour me rappeler mon beau pays et verser une larme, le soir, au coin du feu.

Et puis merde, rajoutez-moi donc aussi un Jurançon moelleux.

En rouge, outre le barolo, il y aurait un xinomavro de Grèce, pour me rappeler mon barolo que j'aurai alors déjà bu, hélas, vu que l'un me rappelle l'autre.

Obligatoirement aussi un grand toscan, quand même.

Et, ça ne se discute même pas, un bordeaux, de même qu'un « cab » de Californie, histoire de ne pas oublier les vertus de l'un et de l'autre.

Même chose avec le pinot noir : un bourgogne, cela va de soi, sinon un autre pinot qui viendrait d'Oregon, de Nouvelle-Zélande ou de Prince Edward County, en Ontario.

J'allais oublier un beaujolais, ou un autre bon vin de soif comme un poulsard du Jura ou un gamay de Touraine, tiens.

Je compléterais avec un châteauneuf-du-pape (à la rigueur un gigondas ou un vacqueyras) pour les soirées plus fraîches et pour me rappeler le côté enveloppant du grenache.

Et bien sûr aussi une pure syrah du nord de la vallée du Rhône.

Enfin, un porto, pour un soir de grande tristesse, afin d'oublier avec délice que je suis seul sur mon île.

Ça fait 19 bouteilles ? Vous êtes sûr ? On ne pourrait pas tricher un peu ? Promis, c'est ma dernière île déserte. Il n'y en aura plus jamais d'autres.

4 FAÇONS DE BIEN

CONSERVER

LE VIN

SI VOUS ÊTES TROP PARESSEUX POUR TERMINER VOTRE BOUTEILLE

(PATRICK DÉSY)

Quel est le meilleur moyen de conserver le vin pour qu'il soit encore bon le lendemain ?

Sachant que le vin rouge a généralement tendance à s'oxyder plus vite que le blanc, et même s'il n'est pas rare qu'une bouteille à moitié entamée puisse être encore fraîche 24 h plus tard simplement en remettant le bouchon dessus et en la plaçant au frigo, voici quatre moyens de préserver un peu plus longtemps la vie de votre vin.

1. La pompe

C'est probablement le moyen le plus éprouvé, le plus simple et le moins onéreux de préserver le vin déjà entamé. Il suffit de placer le bouchon muni d'un dispositif de fermeture sur le goulot et de pomper l'air à l'extérieur de la bouteille. Améliorez l'efficacité du système en minimisant le volume d'air à pomper en transvidant le restant de la bouteille dans une demi-bouteille que vous aurez au préalable lavé et aviné avec le vin que vous souhaitez conserver.

2. Le bouchon AntiOx

J'ai longtemps eu un doute sur l'efficacité de ce gadget qui sert à préserver le vin des acidités volatiles. Un filtre de carbone actif qui neutralise, ou plutôt ralentit la formation d'acide acétique, se trouve à l'intérieur du bouchon que l'on pose sur la bouteille entamée. Le fabricant affirme que le procédé est deux fois plus efficace que la pompe et parle d'un niveau de conservation pouvant atteindre une dizaine de jours. Pour l'avoir essayé pendant plus d'un an, je dois admettre que le système donne d'assez bons résultats, notamment sur des périodes de plus de 3-4 jours. La durée de vie du bouchon serait d'environ trois ans.

3. Coravin

C'est le gros *buzz* en ce moment. Ce système permet d'extraire le vin de la bouteille, sans l'ouvrir, au moyen d'une aiguille plantée dans le bouchon de liège et de remplacer l'espace libéré par un gaz inerte protégeant le contenu de l'oxydation. On peut ainsi goûter au vin sur plusieurs jours, voire semaines. J'ai testé le bidule quelques fois et j'avoue que ça fonctionne assez bien. En revanche, vous n'avez pas le plaisir de voir évoluer le vin tout au long d'une soirée. Sans parler du prix assez élevé de l'appareil.

4. Le congélateur

Aussi drastique et violente que puisse paraître l'idée de congeler votre vin, sachez que ça fonctionne étonnamment bien. C'est simple, efficace et, évidemment, ça ne coûte rien si ce n'est de l'espace dans votre congélateur, d'où la bonne idée de garder des demi-bouteilles dans lesquelles transvider le vin.

7 VINS DE GARDE
PAS TROP CHERS POUR COMMENCER SA CAVE

Château Montus 2011
Madiran, Alain Brumont, 14,5 %

Locomotive du sud-ouest de la France, Alain Brumont est un des plus grands producteurs de la région. Amoureux du tannat et le travaillant de main de maître sur l'appellation Madiran, il fait des vins classiques et structurés, mais qui restent approchables et vieillissent à merveille. Cette cuvée qui est une de mes favorites du domaine ne fait pas exception. Vous pouvez très bien la laisser en cave pour dix ans ou vous faire plaisir maintenant si vous appréciez les vins structurés. En jeunesse, ce vin va bénéficier d'un passage en carafe.

30,25 $ ★★★½ - $$$ 2,9 g/l

code SAQ: 705483

Barbaresco 2013
Produttori del Barbaresco, Italie, 14,5 %

Les vins de l'appellation Barbaresco sont, à mon avis, encore de bonnes affaires pour les collectionneurs puisque les prix, même s'ils sont parfois élevés, sont encore raisonnables pour la qualité. Qui plus est, le potentiel de garde des vins de nebbiolo est indéniable. Produttori del Barbaresco est une cave coopérative qui est un exemple à suivre pour sa rigueur et sa qualité. J'aime ce barbaresco pour sa signature classique et son rapport qualité-plaisir exceptionnel. J'ai dégusté dernièrement ce vin sur plusieurs millésimes et je peux vous garantir qu'il vieillit à merveille. Un *must* pour la cave.

39,75 $ ★★★★ - $$$$ 1,7 g/l

code SAQ: 12558909

Cabernet sauvignon 2009

Katsaros, Krania PGI, Grèce, 14 %

Vous serez certainement surpris par cette suggestion, mais parole de sommelière, vous ne le regretterez pas. Ce vin issu de raisin en culture biologique est produit sur les flancs du mont Olympe dans un petit domaine familial d'à peine 10 hectares. Ce vin dégusté à l'aveugle m'a tout de suite transportée à Bordeaux de par son style et son caractère racé. En jeunesse, il est tannique et franchement structuré. Le producteur a donc choisi de le laisser vieillir un peu en cave avant sa mise en marché. Le millésime 2009 pourra vieillir facilement 10 ans. Pour les amateurs de bordeaux qui cherchent à diversifier leur cave, c'est à ne pas manquer.

38,50 $ ★★★½ - $$$$ 3,1 g/l

code SAQ: 974725

Riserva 2011

Sella & Mosca, Cannonau di Sardegna, Italie, 13,5 %

La robe translucide ainsi que le nez épicé et de garrigue nous rappellent que le cannonau est le grenache de Sardaigne. S'ajoutent de belles notes de terroir avec des tonalités de cuir, de ferme (sans être bretté) et de cerise. Belle prestance en bouche, c'est léger avec une matière de bonne définition, de la fraîcheur, une finale capiteuse à la fois juteuse et rustique qui rappelle le café. Un vin qui a déjà atteint un plateau, mais qui pourra continuer à se développer sur 5 à 8 ans sans problème.

18,60 $ ★★★ - $$ 1,9 g/l

code SAQ: 425488

Lirac 2013
Château Mont-Redon, France, 14,5 %

La famille Abeille ne cesse d'étonner par la qualité de ses vins. Notes de chocolat, de cigare, de cerise noire et côté caoutchouc. Bouche souple, juteuse, généreuse, avec un aspect rond. Tanins enrobés, acidité basse. Le tout montre beaucoup de tenue et se termine sur une finale au fruité déployé. Un lirac qui vaut bien des châteauneuf-du-pape et qui devrait bien évoluer au cours des 5 à 6 prochaines années. Surveillez l'arrivée du 2014.

24,95 $ ★★★ - $$ ½   **2,2 g/l**

code SAQ: 11293970

Domaine Guiberteau 2015
Saumur blanc, France, 12 %

À l'évolution, le chenin peut donner de belle surprise lorsqu'il est bien vinifié et, évidemment, bien conservé. Celui du Domaine Guiberteau a tout pour faire une belle bouteille de garde : un fruit mûr, une acidité juste assez braquée et une matière de bonne densité, le tout dans un équilibre harmonieux, sans parler du plaisir déjà immédiat qu'il offre. Autrement dit, il sera difficile d'y résister en jeunesse, mais vous serez bien récompensé si vous êtes patient.

24,50 $ ★★★ - $$ ½   **1,2 g/l**

code SAQ: 12370658

Vintage 2013
Mas Amiel, Maury, France, 16 %

Une région mythique. Un village adorable. Et sans doute l'une des plus belles maisons de vin doux naturel du Roussillon. Ici, le grenache noir est roi. Des parfums de pruneau, de garrigue, de cacao et d'épices. Une bouche ample, caressante, richement constituée, presque tannique, mais qui possède beaucoup d'énergie et garde beaucoup de fraîcheur. Le parfait compagnon du chocolat en fin de repas, mais surtout un potentiel de garde impressionnant.

21,65 $ (375 ml)
★★★★ – **$$**
81 g/l

code SAQ: 733808

7 VINS À PLUS DE 50 $

À OFFRIR

LORS D'UNE OCCASION SPÉCIALE
OU À S'OFFRIR

À SOI-MÊME PARCE QU'ON LE VAUT
BIEN !

(PATRICK DÉSY)

Gevrey-Chambertin 2012
Domaine Rossignol-Trapet, France, 13 %

Les vins du domaine affichent un profil traditionnel. Ils se démarquent par leur éclat, une élégance naturelle et un bon potentiel de développement. Tout ça à un prix qui, malgré l'enflure généralisée des dernières années en Bourgogne, reste encore « raisonnable ». Le gevrey village des frères Trapet (vignes en biodynamie d'une cinquantaine d'années en moyenne) est d'une qualité constante. Une lecture juste et habile de chaque millésime qui permet de l'apprécier chaque année sans trop se tromper.

70 $ ★★★★ – $$$$$ **1,6 g/l**

code SAQ: **12146947**

Châteauneuf-du-Pape 2014
Domaine Charvin, France, 14 %

Un domaine qui passe encore sous les radars des millionnaires en quête de vin prestigieux à mettre sur leur table. Autant les vins de Laurent Charvin peuvent être déroutants en ouverture, autant ils savent se développer et se complexifier avec une longue et lente aération comme peu d'autres vins. D'un millésime qui ne passera pas à l'histoire, le 2013 se montre austère et dur en jeunesse. Espérons que le temps saura l'aider. Le 2014 se montre plus aimable, vibrant, pas aussi concentré qu'à l'habitude alors que les échos sur le 2015 annoncent une grande réussite. Un vin d'esthète et sans compromis qu'il faut savoir apprivoiser pour l'apprécier pleinement.

67,25 $ ★★★★ – $$$$$ **2,2 g/l**

code SAQ: **12440687**

La Romanée 2012
Dom. Morey-Coffinet, Chassagne-Montrachet 1er cru, Bourgogne, France, 13,5 %

La grande Bourgogne est devenue, à quelques exceptions près, inaccessible pour le commun des amateurs. Même en faisant des sacrifices, il faut être complètement fou (ou millionnaire, ou les deux à la fois) pour débourser pas moins de 600 $ pour une bouteille de montrachet. Et on parle ici des cuvées les plus facilement accessibles. Doublez, voire triplez de prix pour les plus recherchées. Le montrachet de la Romanée-Conti, un vin hors norme, peut atteindre des sommets vertigineux. Le chassagne-montrachet est un vin qui peut, sans se comparer, donner (presque) tout autant de plaisir. Les sols plus calcaires de la Romanée apportent de la tension, de la densité et un profil très minéral. Le 2012 est superbe et devrait donner le meilleur de lui-même à partir de 2018-2019. Les 2013 et 2014 goûtés au domaine annoncent de très belles choses. Un achat incontournable pour qui veut faire l'expérience d'un grand terroir de Bourgogne sans se ruiner.

83,75 $
★★★★ - $$$$$
n.d.

code SAQ: 12085419

Tignanello 2013
Marchesi Antinori, Toscane, Italie, 13,5 %

Je me rappelle encore mon premier Tignanello. C'était quelque part au début des années 1990. Le coup de foudre immédiat. «Tign», comme on l'appelle, fait encore partie du groupe sélect des meilleures affaires parmi les grands vins de la planète. Il est doté d'une superbe capacité de développement tant dans les petits que dans les grands millésimes. Je ne me souviens pas d'avoir été déçu par une bouteille, tous millésimes confondus. 2012, un millésime frais et moins évident, a donné un vin dont le soigné ressort déjà beaucoup en jeunesse. De densité moins imposante qu'à l'habitude, il montre beaucoup d'harmonie et une merveilleuse buvabilité. Je prédis qu'il évoluera avec brio ces 10 à 12 prochaines années. Le 2013 qui le remplace se montre plus costaud, un poil plus végétal, mais tout aussi délicieux et toujours vendu à prix «raisonnable». Bref, on achète les yeux fermés !

104 $
★★★★ ½ - $$$$$
2,1 g/l

code SAQ: 10820900

Vieilles Vignes 2014
Domaine Gauby, Côtes Catalanes, France, 13 %

Avec ceux du Domaine du Rouge Gorge, les Gauby produisent probablement les plus grands vins blancs secs du Roussillon. Lionel, le fils, semble avoir trouvé son équilibre alors que Gérard, le papa, poursuit son projet d'aménagement perpétuel d'un des plus beaux vignobles de France. Il en ressort des vins absolument uniques. Le Vieille Vigne en blanc, s'il est conservé dans de bonnes conditions, peut se bonifier et donner des trucs superbes après 8 à 10 ans de bouteille. C'est le cas du 2014 proposé à la SAQ à l'été 2016 qui a les qualités pour bien dormir en cave. Si vous trouvez une bouteille au moment de lire ces lignes, je recommande de la consommer en jeunesse étant donné les conditions de conservation parfois difficile en succursale. Le 2015 affiche un profil moins aiguisé sur le plan de l'acidité avec des notes plus riches, mais il est tout aussi charmeur.

52,50 $ ★★★★ – $$$$ ½   **n.d.**

code SAQ: 12682248

Zinfandel Lytton Springs 2013
Sonoma County, Ridge, États-Unis, 14,4 %

Un cépage souvent mal aimé, parce que trop souvent mal vinifié. Pourtant, le zinfandel peut donner des vins fort intéressants, sans jamais, à mon sens, prétendre au titre de grand vin. Ce n'est plus un secret que les vins de chez Ridge possèdent une impressionnante capacité de développement. Plus étonnant encore, le zinfandel, celui-ci provenant d'une parcelle historique du domaine, devient fascinant après 10 à 15 ans de cave. Le 2013 montre un équilibre irréprochable, un profil européen par son élégance et son opulence contenue. Encore brut, quoiqu'immédiatement accessible, le vin devrait bien évoluer. Essayez pour voir !

57 $ ★★★★ - $$$$ ½   **n.d.**

code SAQ: 513929

Grande Côte 2014
Pascal Cotat, Sancerre, France, 13,5 %

Famille mythique de Chavignol. Très amis avec Edmond Vatan, les frères Pascal et François Cotat sont aujourd'hui séparés. Pascal a un style plus sec, plus tendu, alors que François aime la maturité et des vins plus riches avec des niveaux de sucres parfois élevés. Le terroir de la Grande Côte, c'est un peu le montrachet du sancerre. Les vins demandent souvent plusieurs années pour se livrer complètement. 2014 est un grand millésime. Il a donné un vin dense, mûr et vibrant qui pourra s'affiner de longues années. 2015 s'annonce plus généreux, tout aussi dense, mais probablement plus immédiat.

59 $ ★★★★½ - $$$$ ½   5,1 g/l

code SAQ: 12187001

JE VOUDRAIS VOIR LA MER

(JE SUIS UN PEU VIEUX)

(CLAUDE LANGLOIS)

Je ne dis pas ça pour me vanter, mais je suis vieux.
Enfin, un peu vieux. Et quand on est un peu vieux, on
peut faire des choses qu'on ne peut pas faire quand on
est un peu jeune.

Comme, par exemple, partir une semaine à la mer en
plein mois d'octobre, comme je viens précisément de le
faire.

Pourquoi la mer ? Parce que j'étais tout simplement
incapable de supporter l'idée de ne pas la revoir avant
l'été prochain.

Je voulais voir la mer « et danser avec elle »,
exactement comme dans la chanson de Michel Rivard.

C'est comme ça, en vieillissant, je crois. On a un peu
peur de ne plus revoir les choses qui nous émeuvent,
alors on se les offre, tandis qu'il est encore temps.

On veut en profiter, comme si on était encore jeune. Et on joue à cache-cache avec le temps, qui nous croit ici alors qu'on est là-bas.

De toute façon, le temps, il finit toujours par nous trouver, ici ou ailleurs.

En profiter comme si on était encore jeune, disais-je...

C'est pour ça, également, que j'ouvre les vieilles bouteilles que j'ai dorlotées dans ma cave pendant des années.

De telle sorte qu'il ne m'en reste presque plus, et ce n'est pas triste du tout. Que de beaux souvenirs, en fait. D'ailleurs, je n'achète plus mes vins comme autrefois, alors que toutes les bonnes bouteilles avaient la vie devant soi.

Je n'achète désormais que des bouteilles qui ont la même espérance de vie que moi.

Ce vin aura besoin de vingt ans pour se faire une beauté ? Je passe mon tour.

Je n'achète désormais que des bouteilles que j'aurai le temps de voir s'épanouir. Comme ça, nous prenons le temps de vieillir ensemble.

5 VINS COQUINS POUR LA SAINT-VALENTIN

(PATRICK DÉSY)

N'attendez pas le 14 février pour offrir des fleurs, vous égarer sur la carte des vins d'un grand restaurant, faire une folie dans une bijouterie, prendre une chambre coquine à l'hôtel W ou cliquer sur le bouton « acheter » d'une compagnie aérienne pour partir en safari avec la flamme de votre vie.

C'est en étant pétillant chaque jour, comme le plus fin des champagnes, qu'on cultive le jardin de l'amour. Et pas seulement avec l'être cher, mais avec tous ceux qui vous entourent. Voici quand même cinq vins cupidons pour jouer la corde séduction et faire fléchir votre tendre moitié du genou, comme dirait l'autre...

Clos Des Demoiselles
Tête De Cuvée 2014
Crémant de Limoux, Laurens, France, 12 %

Des bulles pour débuter, évidemment ! Ça émoustille le palais, fait pétiller l'esprit et ravigote tous les sens. Le 2013 est presque aussi bon que le 2012, qui était l'un des meilleurs mousseux l'an dernier. Une bulle fine et abondante. Un nez qui se démarque par son côté finement brioché, les fruits blancs et un fond de craie qui ajoute de la race. Bouche souple, finement constituée, serrée au départ et devenant expansive. Finale soutenue digne d'un excellent champagne par ses notes de biscuit anglais et d'abricot.

23,90 $ ★★★½ – $$ ½   12 g/l

code SAQ: 10498973

Beso de Vino Old Vine Garnacha
Édition Coup de Cœur 2014
Carinena, Grandes Vinos y Vinedos, Espagne, 13,5 %

Ici, il faut aimer les vins souples, ronds et pas compliqués avec, m'a-t-il semblé, un peu de sucre résiduel. Auquel cas vous devriez trouver votre bonheur dans ce petit rouge espagnol pas cher du tout. Flaveurs de fruits à noyau, de vieux tonneau de bourbon et de pâtisseries. On le passe environ 45 minutes au frigo avant de servir.

14,75 $ ★★ – $ ½   n.d.

code SAQ: 12799649

Vieilles Vignes 2014
Saint-Amour, Château Bonnet, France, 13 %

Saint-Amour à la St-Valentin, rien de plus cliché allez-vous dire ? Vous n'avez pas tort. Sauf qu'il y a pas mal de vin dans cette bouteille ! Fait 100 % gamay, ce beaujolais offre un bouquet facile et inspirant de petits fruits, une touche de poivre et un rien de pivoine. C'est soyeux et croquant avec une impression finement végétale, ce qui rend le tout très digeste. Servir autour de 16 degrés.

22,20 $　　★★½ – $$ ½　　**2,5 g/l**

code SAQ: 1282445

Les Côtes de l'Ouest Syrah 2012
Californie, Terre Rouge, États-Unis, 14,5 %

Voici une syrah tout ce qu'il y a de plus sensuelle, outrageusement parfumée et irrésistible. On pourrait même la prendre pour une « petite » Côte-Rôtie tellement c'est bien ficelé. À la différence que c'est plus souple, plus tendre et qu'on retrouve ce léger surplus de richesse qui se traduit par un côté capiteux en finale, mais tout en restant formidablement bien intégré et d'une grande buvabilité. À boire en jeunesse pour profiter au maximum de la décadence du fruité !

29,45 $　　★★★ – $$$　　**n.d.**

code SAQ: 897124

Pyrène Chambre D'Amour 2014

Lionel Osmin, France, 10,5 %

On termine la soirée avec un peu de sucre ! À base de gros manseng et complété par 20 % de sauvignon, ce vin demi-sec, pour ne pas dire doux, frappe dans le mille si vous cherchez un vin non pas de dessert, mais un vin tout simplement à servir comme dessert ! Notes florales, de miel et d'abricot en confiture. Servir très frais, idéalement avec un fromage moyennement relevé.

18,20 $
★★ – $$
53 g/l

code SAQ: 11661648

5 PETITES BOUTEILLES ÉPATANTES À METTRE DANS LE BAS DE NOËL

(MATHIEU TURBIDE)

Vous avez choisi de petits jouets rigolos ou de belles surprises sucrées pour mettre dans le bas de Noël des enfants. Maintenant, que mettre dans celui de votre chum, de votre grande fille de 22 ans ou de votre mère ?

Voici de petits flacons que vous pourrez glisser dans les bas accrochés sur la cheminée et qui feront grande impression. Ce sont tous des douceurs dont le prix au millilitre est faramineux, mais dans tous les cas, il s'explique par des méthodes d'élaboration coûteuses. Comme on dit par chez nous, le temps des Fêtes, « ça arrive rien qu'une fois par année ». Faut se gâter !

Quinta da Ervamoira, porto Tawny 10 ans
Ramos Pinto, Portugal, 19,5 %

En dégustant ce « RP10 », vous comprendrez pourquoi il est plus cher que la moyenne des portos de cette catégorie. Sombre, exubérant, soyeux, onctueux : c'est un tawny généreux aux accents de caramel brûlé, de raisins de Corinthe et de réglisse. La texture en bouche est fascinante. Le meilleur 10 ans dégusté cette année.

23,95 $ (375 ml)   ★★★★ - $$$$ ½   + de 60 g/l

code SAQ: 352211

Poiré de glace 2012
**Domaine des Salamandres,
Québec (Hemmingford), 9 %**

Moins connu, le poiré de glace est obtenu sensiblement par les mêmes procédés que le vin de glace et le cidre de glace. C'est un nectar savoureux, très riche, gras, dont les arômes se situent entre ceux du vin de glace et du cidre. Celui-ci sent bon la poire, mais aussi le miel, la cire d'abeille, le coing. En bouche, l'acidité rend le sucre plus digeste. C'est long. À savourer très froid, dans un petit verre, à toutes petites gorgées, à la fin d'un repas des Fêtes.

18,60 $ (200 ml)
★★★ - $$$$ ½
+ de 60 g/l

code SAQ: 11172254

Avalanche 2013
Cidre de glace, Clos Saragnat, Québec (Frelighsburg), 11 %

Le maître du Clos Saragnat est nul autre que Christian Barthomeuf, l'inventeur du cidre de glace et l'un des pionniers de la vigne au Québec (il a planté les vignes du premier vignoble québécois : le Domaine des Côtes d'Ardoise, à Dunham). Avec sa compagne Louise Dupuis, il a créé son propre domaine à Frelighsburg, où il fait à la fois des cidres de glace et un vin de paille étonnant. La cuvée Avalanche se retrouve à la SAQ (les autres vins et cidres, sans sulfites et non filtrés, ne sont disponibles qu'au domaine). C'est un cidre de glace ambré, à la fois puissant et complexe, qui – chose rare pour un cidre de glace – ne sent pas que la pomme confite. On y perçoit des notes de caramel, de pêche cuite, d'épices même. C'est immense et long en bouche. Le meilleur cidre de glace que nous ayons dégusté.

27,45 $ (200 ml) ★★★★ – $$$$$ + de 60 g/l

code SAQ: 1113321

Château Bastor-Lamontagne 2009
Sauternes, France, 14 %

Un sauternes abordable si on considère qu'il pourrait se frotter sans rougir à quelques voisins plus prestigieux et plus chers. Beau nez élégant d'abricots, de fleurs blanches et de miel. En bouche, c'est moins lourd que plusieurs sauternes, grâce à une belle nervosité qui soulève un peu la masse de sucre. Long.

28,45 $ (375 ml)
★★★ ½ – $$$ ½
+ de 60 g/l

code SAQ: 11016067

Vidal 2012

Vin de glace, Vignoble du Marathonien, Québec (Havelock), 13,4 %

Les Méchants Raisins aiment beaucoup les vins du Marathonien, notamment sa cuvée de vendanges tardives. Pourquoi ne pas se payer une folie, cette fois, avec le grand vin du vignoble ? C'est un vin de glace différent de ceux auxquels l'Ontario nous a habitués. Moins riche, plus vif et plus complexe à notre sens.

54,50 $ (375 ml)
★★★★ – $$$$$
+ de 60 g/l

code SAQ: 11398317

4 VINS, 1 VERMOUTH ET 1 RÉDUIT DE SIROP D'ÉRABLE AU GIN QUÉBÉCOIS POUR FÊTER LA SAINT-JEAN EN GRAND

(MATHIEU TURBIDE)

Seyval Blanc 2015

Vignoble du Marathonien, Havelock, Québec, 11,5 %

L'un de nos domaines québécois chouchous, qu'on apprécie surtout pour ses vins doux. Pourtant, ce seyval blanc sec nous charme année après année, avec des arômes floraux et des notes de pomme et de poire. Nerveux et généreux en bouche, tout en restant léger et digeste. Bravo !

15,95 $ ★★ - $ ½   **4,4 g/l**

code SAQ: 11398325

Sélection Rouge 2014

Domaine St-Jacques, Québec (St-Jacques-le-Mineur), 12,5 %

Le Domaine St-Jacques est probablement le vignoble dont l'ascension a été la plus fulgurante au Québec au cours des dernières années. Leurs vins se positionnent toujours bien dans les concours. Et, fait plutôt rare au Québec, ils réussissent à mettre en marché un vin rouge tout à fait correct à prix abordable. Cet assemblage des cépages lucy kuhlmann et maréchal foch donne un vin fruité (cerises), avec des notes épicées intéressantes. Bel équilibre entre l'acidité, les tanins et l'alcool.

17,85 $ ★★ - $$ **2,4 g/l**

code SAQ: 11506306

Le Grand Coteau 2014
Coteau Rougemont, Québec, 13,5 %

Un rouge québécois d'une couleur profonde, au nez de fumée, de cacao et de cerises noires. En bouche, c'est tendre et soyeux et étonnamment long. Ça manque toutefois de fruit et de fraîcheur. Il plaira aux amateurs de vins boisés. Cher.

23,30 $ ★ ½ - $$ ½   **3,1 g/l**

code SAQ: 12358190

Seyval-Chardonnay 2015
Vignoble des Pervenches, Farnham, Québec

Ce vin est actuellement en rupture de stock. Mais si on vous en parle, c'est que c'est l'un des meilleurs vins (toutes catégories confondues) issus du terroir québécois. Michael Marler et Véronique Hupin, propriétaires du vignoble des Pervenches, vendent presque toute leur production aux restaurateurs et à des clients particuliers qui l'achètent au domaine. Soyez donc aux aguets pour le millésime 2016, qui promet vu la saison chaude qu'on a connue. Allez au domaine ou directement sur le site web. C'est un vin au bouquet de poire et de pomme mûres, doté d'un bel équilibre et d'une longueur appréciable.

20 $ ★★★ - $$ **n.d.**

Vermouth
Domaine Val Caudalies, Québec (Frelighsburg), 16,5 %

Partenariat entre le vignoble Val Caudalies et le bar à cocktails Le Lab de Montréal, ce vermouth – le premier au Québec – a tout pour surprendre. D'abord, il est très sucré, tant au nez qu'en bouche. Cela lui vient du vin de base fourni par Val Caudalies, un vin doux produit à partir du cépage vidal, qu'on reconnaît à ses arômes de fruits tropicaux, puis des épices et des aromates (camomille, zeste d'agrumes, etc.). Résultat : un vermouth qui s'apprécie seul, très frais, ou en cocktails. Peut-être pas pour un traditionnel martini (mieux vaut que le vermout soit sec), mais pour des cocktails plus *funky*, pourquoi pas ?

24,95 $ ★★★ - $$$ ½ 130 g/l

code SAQ: 12863014

Réduit Piger Henricus
Les Distillateurs subversifs, Québec (Saint-Jean-sur-Richelieu), 23 %

On aime déjà beaucoup le gin de Piger Henricus, un alcool élégant aux arômes recherchés. Le voici assemblé à du réduit de sirop d'érable, clin d'œil à cette vieille tradition dans les cabanes à sucre de mélanger du réduit chaud d'eau d'érable (avant qu'il ne devienne du sirop) avec du gin. Le résultat est une liqueur agréable en bouche, aux accents de panais confit (le panais est l'un des ingrédients fétiches du Piger Henricus) et d'érable. Servez-le frais sur glace ou même, pourquoi pas, tiède ou chaud pour rappeler le réduit au gin de nos ancêtres.

33 $ (750 ml) ★★★ ½ - $$$ ½ n.d.

code SAQ: 12933043

5 MOUSSE

POUR CÉL

LA VICTOI

DU CH

DANS LES FINALES
DE LA COUPE STANLEY

(MATHIEU TURBIDE)

'automne dernier, on y a vraiment cru.
effondré. Le Canadien est passé d'un gr
horrible piquette en moins de deux mo
nos mousseux et nos champagnes en c
de célébrer quoi que ce soit si notre clu
même pas à se qualifier pour les séries

Mais, comme Jacques Brel dans *Mac*
perd pas espoir et on y croit encore cett

On se prépare donc avec cinq mouss
champagne parce qu'on risque d'en rer
partout, surtout en cas de victoire en r

L'Orpailleur Brut
Vignoble de L'Orpailleur, Québec, 11,5 %

Bon, on vous l'avoue : on le trouve un peu cher, ce mousseux québécois. Mais pour célébrer le succès d'une équipe sportive du Québec, aussi bien sabrer une bouteille de chez nous, n'est-ce pas ? Le vin lui-même – assemblage de seyval, de vidal et de chardonnay – est bien fait : floral, avec du fruit (pomme jaune) et des notes de levure. Un peu court à notre goût, mais, hé !, on célèbre.

32 $ ★★ - $$$ **5,4 g/l**

code SAQ: 12685625

Nova 7 Rosé 2013
Benjamin Bridge, Nouvelle-Écosse, 7 %

Un autre choix, pas québécois cette fois, mais canadien, offert par la surprenante maison Benjamin Bridge, qui a confié l'élaboration de ses vins au Québécois Jean-Benoît Deslau-riers. Faible en alcool (d'où le nom) et à l'effer-vescence pas très fougueuse (il est d'ailleurs bouché avec une capsule à vis), ce petit vin néo-écossais pourra très bien faire l'affaire pour célébrer la victoire du CH. Il sent bon la pêche et il montre de belles notes florales. Malgré qu'il en contient presque 60 grammes par litre, on ne sent pas trop le sucre, l'acidité aidant. Parfait pour boire à grandes lampées sans trop le regretter le lendemain.

25 $ ★★ - $$ ½   **57 g/l**

code SAQ: 12133986

Crémant de Bourgogne Brut
Bailly-Lapierre, France, 12 %

L'un de nos mousseux préférés cette année. Plus près du champagne dans le style et la facture. Nez de noisettes, de *toffee*, avec de belles notes fruitées (poire, pomme mûre). En bouche, le vin est goûteux, les bulles fines et agréables, la finale intense et persistante.

25 $ ★★★½ – $$ ½   **10 g/l**

code SAQ: 11565015

Clos Des Demoiselles Tête De Cuvée 2014
Crémant de Limoux, Laurens, France, 12 %

Un autre de nos mousseux favoris, année après année. Belles notes de pain grillé et d'érable au nez. Belle présence en bouche, plus léger que le Bailly-Lapierre, mais fin et délicat.

23,90 $ ★★★½ – $$ ½   **12 g/l**

code SAQ: 10498973

Reserva Brut Cava
Segura Viudas, Espagne, 11,5 %

À ce prix, on peut en ouvrir deux ou trois ! L'un des meilleurs rapports qualité-prix dans les mousseux à la SAQ. C'est rond et agréable. Rien de très complexe, mais c'est bien fait. On y sent des notes de pomme, une touche d'agrumes et de levure. En bouche, les bulles s'affolent un peu. C'est joyeux, même si ce n'est pas très long.

15,55 $ ★★ – $ ½   **9 g/l**

code SAQ: 158493

5 VINS POUR LA FÊTE DES MÈRES

(PATRICK DÉSY)

Votre maman vaut plus qu'un simple bouquet de fleurs. Pourquoi ne pas lui offrir aussi une bouteille de bon vin ?

Mieux : pourquoi ne pas aller la boire avec elle, en famille, pour la remercier d'être dans votre vie ?

San Vincenzo 2015
Veneto, Anselmi, Italie, 12,5 %

L'un des blancs italiens les plus connus ici au Québec et certainement parmi les plus constants en termes de qualité, année après
année. Ne sursautez pas en voyant le taux de sucre: il a beau frôler
le 10 grammes, on ne les perçoit pratiquement pas. Le vin paraît
sec et vibrant, notamment grâce à une fraîche et vive acidité naturelle. Pour le reste, c'est floral, avec des notes d'agrumes plaisantes,
une belle minéralité. C'est élégant. Parfait pour maman.

17,90 $ ★★½ – $$ 9,4 g/l

code SAQ: 585422

Lirac 2015
**Château Mont-Redon,
France, 13,5 %**

Réputée pour ses vins de
Châteauneuf-du-Pape, la
famille Abeille produit à
Lirac un blanc savoureux, fin,
à la fois élégant et puissant.
Le nez offre de la vanille, des
notes de poire, de pomme,
de fleurs. La bouche est tout
aussi complexe, minérale
aussi, avec une longueur
épatante.

24,05 $
★★★½ – $$ ½
– de 1,2 g/l

code SAQ: 12258973

Crémant d'Alsace Brut Réserve
Pierre Sparr, France, 12,5 %

Nos mères aiment souvent les bulles, surtout pour faire la fête et porter un toast. Voici un mousseux floral et aromatique, composé majoritairement de pinot blanc avec un peu de pinot auxerrois. Les bulles sont moins fougueuses que la moyenne, plus éparses, mais en bouche, le vin est savoureux, avec des notes de pêche et de pomme mûre. C'est rond, souple et soutenu par une belle acidité.

19,60$ **★★½ - $$**   **10 g/l**   code SAQ: 12724065

Pétale de Rose 2015
Côtes de Provence, Château Tour de L'Évêque, France, 13,5 %

La fête des Mères, c'est le printemps qui nous réchauffe et donc, aussi, le moment où arrivent les premiers rosés. Une belle occasion pour offrir à votre maman celui-ci, au nom si joli, et qui figure toujours parmi les meilleurs rosés disponibles ici. D'une délicate couleur pêche, il offre un bouquet aromatique intense, surtout floral, qui se développe sur de fines notes fruitées. En bouche, c'est à la fois minéral et fruité, fin, droit et long.

20,95 $
★★★ - $$
2 g/l

code SAQ: 425496

Petit Bonheur 2015
**C'est la vie, Albert Bichot,
France, 12,5 %**

Les mamans aiment le mousseux et le rosé, alors allons-y
à fond avec ce concept ! Des
rosés mousseux, il y en a
des meilleurs, des plus chers
(surtout des champagnes) et
des moins bons aussi. Celui-ci,
si ce n'est que pour le nom, est
parfait. Rappelez-vous qu'il
y a longtemps (mais pas si
longtemps pour elle), vous avez
été le « petit bonheur » de votre
maman. Couleur or rose, belle
effervescence. Nez de *toffee*, de
pain grillé. On aurait aimé plus
de fruit en bouche, mais c'est
correct dans l'ensemble.

15,05 $
★ ½ – $ ½
11 g/l

code SAQ: 12521621

6 VINS POUR LA FÊTE DES PÈRES

(PATRICK DÉSY)

Ceux qui me lisent depuis un moment savent que tout ça, tout ce vin, cette magnifique expérience des plus beaux crus de la planète, l'importance de les approcher avec la plus grande humilité, de se laisser porter par eux, de sonder leur âme pour mieux exulter la sienne, cette quête toute simple de communion avec les autres autour d'une bonne bouteille, ça vient de mon papa.

Voici six vins qui sauront plaire à tous les papas !

Le Bouquet des Garrigues 2014
Côtes-du-Rhône, Clos du Caillou, France, 14,5 %

Atteindre un niveau de finesse, de richesse et d'aérien avec le grenache, jusqu'à s'y méprendre avec du pinot noir, on rencontre ça dans peu de vins. Rayas, peut-être... sans la même densité, ni la même complexité, évidemment. Couleur brillante, presque translucide. Nez attrayant et rempli de soleil sentant bon les olives, la garrigue et les fruits noirs. Arrière-plan qui « syrate » avec des notes d'eucalyptus et de fleur mauve. Bouche suave, d'assez bon volume, avec un côté presque gras, de la fraîcheur. Agréable à boire, gouleyant avec une force sudiste en finale qui donne du coffre. On est berné par les 14,5 % d'alcool. Un grand coup de cœur ! *Difficile à trouver.*

25,80 $ ★★★½ – $$ ½   1,7 g/l

code SAQ: 12249348

Nostre Pais 2013
Costières de Nîmes, Michel Gassier, France

Dominante de grenache blanc (60 %) complétée par la clairette, la routante et une touche de viognier. Parfums bien définis de fleur, de yogourt, de miel, de papaye et un fond salin du plus bel effet. Ample en attaque, la matière se précise tout en restant grasse. Finale soutenue et dotée d'une complexité indéniable.

24 $ ★★★ – $$ ½   n.d.

code SAQ: 11334794

Estate Argyros Assyrtiko 2015
Santorin, Grèce, 13,5 %

De l'assyrtiko issu de très vieilles vignes (150 ans en moyenne) poussant sur des sols volcaniques. Le 2015 montre à nouveau une grande pureté au nez avec des notes de fruits blancs, une touche tropicale et un arrière-plan salin envoûtant. Ample à l'attaque, la bouche se resserre légèrement et gagne en tenue sous l'impulsion de l'acidité naturelle et plutôt vive de l'assyrtiko. Du volume, de la puissance, mais aussi ce côté aérien et à la fois croquant. Longue finale sur des notes de miel et de muscade. Nous n'avons eu que des échos positifs sur le 2016 qui devrait débarquer au printemps. *Difficile à trouver.*

27,30 $　　★★★★ - $$$　　　1,5 g/l

code SAQ: 12889556

Artazuri Garnacha 2014
Navarre, Artazu, Espagne, 14 %

Une bombe à petit prix comme papa les aime. Un rouge espagnol absolument succulent. Attention, pas mal de réduction en ouverture (odeurs de soufre, d'allumette), mais ça se dissipe rapidement au contact de l'air. Le nez s'ouvre alors sur des tonalités de réglisse, de fumée et de framboise sauvage. Un concentré en saveurs tout en restant souple, frais, précis avec une trame énergique et des tanins mûrs. Du gros glouglou à tout petit prix ! À aérer 15-30 minutes en carafe. Servir autour de 14-15 degrés. Capsule à vis.

16,90 $　　★★★ - $ ½　　　2,6 g/l

code SAQ: 10902841

La Châtelaine 2014
Bourgogne Vézelay, Domaine de la Cadette, France, 12,5 %

Nez aguichant qui gagne en nuances à l'aération. Notes de coquillage, de meringue, de fleur blanche, de pomme verte et de miel. Belle tenue avec une texture tendre en attaque, l'acidité est fine. Pas spécialement vibrant, mais bien fait, digeste et fort agréable. À l'aveugle, on se méprend facilement avec un chablis. Surveillez le 2015 qui devrait être aussi bon, sinon meilleur !

28,80 $ ★★★½ - $$$ **1,9 g/l**

code SAQ: 11094621

Il Grigio Gran Selezione 2011
Chianti Classico, San Felice, Italie, 14 %

Un domaine historique dont les vignes sont situées au cœur du Chianti. Élaboré à 80 % de sangiovese, le vin est enrichi d'anciennes variétés indigènes comme l'abrusco, le pugnitello, la malvasia nera, le ciliegiolo et le mazzese. Élevage de 24 mois sous bois : 50 % en grande cuve de chêne de Slovénie et 50 % en barrique de chêne français de 225 l et 500 l. Ça permet au fruit de s'exprimer avec nuance tout en conservant une élégance boisée qui se marie à merveille à l'ensemble déjà complexe : havane, cerise noire, fleur mauve, moka. C'est suave, avec un grain de tanin fin, bien nourri (on sent la richesse du millésime), tout en conservant une belle vivacité et en offrant une longue finale soyeuse. Servir autour de 16 degrés. Pourra se bonifier dans les 5 à 8 prochaines années.

45 $ ★★★★ - $$$$ **2,1 g/l**

code SAQ: 12480291

6 VINS POUR PARTIR EN PIQUE-NIQUE

(PATRICK DÉSY)

En pique-nique, exit les vins compliqués. On opte pour quelque chose d'assez simple, un vin qu'on ne se sent pas mal de servir dans un gobelet de plastique. Mais simple ne veut pas nécessairement dire moins bon.

Optez pour des vins frais, axés sur le fruit et pouvant se marier avec à peu près n'importe quoi. N'hésitez pas à choisir un vin avec capsule à vis. C'est plus simple que de jouer du tire-bouchon et vous minimisez les risques de tomber sur un vin bouchonné.

Tursansushi
Tursan, Les Vignerons Landais, France, 12,5 %

Une curiosité intéressante de la région bordelaise. Issu à 50 % de baroque, un cépage assez rare provenant du croisement entre le sauvignon et la folle blanche, il est justement assemblé à du sauvignon et à du gros manseng. Ça donne un blanc expressif rappelant les fruits jaunes et l'herbe coupée. Acidité marquée qui apporte de la droiture et fait paraître le vin très sec tout en donnant des ailes à l'aromatique. Servir bien frais. Capsule à vis.

15,05 $ ★★ - $ ½ **1,8 g/l**

code SAQ: 12878620

Attitude Grenache Rosé 2015
Pays d'Oc, Vignerons Val d'Orbieu, France, 12,5 %

Une bouteille de plastique... Détrompez-vous, le vin est franchement étonnant. Un joli nez fruité, frais et d'assez bonne définition. La bouche suit avec une matière nourrie, c'est délicat et savoureux. En format d'un litre, ça revient à 11,20 $ la bouteille ! C'est pratique si elle vous échappe des mains.

14,95 $ (format 1 l)
★★ ½ - $
1,3 g/l

code SAQ:
12918476

Cademusa Nero d'Avola Syrah
Terre Siciliane, Cantine Ermes, Italie, 13 %

N'allez pas croire qu'il faut casser la tirelire pour boire du vin bio. Du bon en plus ! De Sicile, ce petit nero d'avola saura vous surprendre par son fruité abondant, sa souplesse et son profil épicé en finale. Jamais pataud malgré ses 4 g de sucre résiduel. Prix dérisoire. Servir autour de 14-15 degrés. Capsule à vis.

11,55 $ ★★ - $ 4,4 g/l

code SAQ: 12699509

Giacondi Nero d'Avola
Terre Siciliane, Mondo del Vino, Italie, 13 %

Un vinier ? Pourquoi pas ! Il est dommage de trouver si peu de bons vins dans un tel format. C'est pratique, économique et on peut habituellement le conserver plus longtemps qu'en bouteille une fois ouvert. Le panel de dégustation du magazine *Protégez-Vous* de juin 2016 a classé celui-ci bon premier. Ça revient à 8,20 $ la bouteille. Ça se transporte bien une fois le sac sorti de sa boîte et on peut facilement le mettre au frais. Parfait si vous êtes plusieurs à pique-niquer.

32,75 $ (format 3 l)
★ ½ - $$ ½
5,4 g/l

code SAQ: 11015970

Limestone Hill
Chardonnay 2015
Robertson, De Wetshof Estate, Afrique du Sud, 13,5 %

Beaucoup de charme pour ce très bon chardonnay sud-africain. Des parfums bien définis de pêche blanche, de miel, de fumée et de craie. Belle texture en bouche, un peu rondelette avec ses 4 g de sucre, mais l'acidité le fait paraître sec. Un style à cheval entre le chardo beurré Nouveau Monde et celui bien sec comme à Chablis. Capsule à vis.

16,95 $ ★★★ - $ ½   **4,3 g/l**

code SAQ: 12862564

Dr. Loosen Riesling 2014
Mosel, Dr. Loosen, Allemagne, 12,5 %

Il est question ici d'un vin doux. C'est le compagnon idéal pour les fromages en fin de repas. Le secret dans ce vin : l'équilibre sucre/acidité si cher aux rieslings allemands et qui fait paraître le vin nerveux malgré les 48 g de sucre. Parfums agréables de meringue, d'abricot et de citron confit. Belle netteté de bouche. Tout ça rend le vin fort digeste. Prendre soin de le servir bien frais (8 degrés). Capsule à vis.

16,45 $ ★★★ - $ ½   **48 g/l**

code SAQ: 10685251

5 VINS POUR LE GRAND PRIX DU CANADA

(PATRICK DÉSY)

Les organisateurs du Grand Prix du Canada sont plutôt permissifs sur l'alcool qu'on peut apporter sur le site.
Tout en restant prudent, n'hésitez pas à prendre votre tire-bouchon, des gobelets en plastique et une bonne bouteille. Bon Grand Prix !

Vitteaut-Alberti
Crémant de Bourgogne, France, 12 %

Ça prend évidemment des bulles ! Sans doute l'un des meilleurs producteurs de crémant en Bourgogne, le blanc du domaine figurant souvent dans le haut du palmarès des meilleures bulles de l'année des Méchants Raisins. Le rosé, à 100 % pinot noir, est tout aussi bon et se démarque par la finesse de ses bulles et l'intensité nuancée de ses saveurs. Ses 13 g de sucre le font paraître plus crémeux que vineux, mais l'acidité permet d'atteindre l'harmonie.

23,80 $ ★★★ - $$ ½   13 g/l

code SAQ: 12536101

Rosensteig Grüner Veltliner 2014
Kremstal, Weingut Geyerhof, Autriche, 12,5 %

Les blancs autrichiens sont à découvrir. Issu entièrement du cépage grüner veltliner, c'est un blanc qui livre des parfums distingués de fleur blanche, de poire, avec un fond minéral qui rappelle la craie de tableau. C'est ample à l'attaque, on sent le côté mûr, presque enrobé du fruit, mais le vin possède une franche acidité qui fait paraître l'ensemble droit et léger. Finale de caractère par sa fine amertume et sa longueur aromatique. Vin bio.

23,20 $ ★★★ - $$ ½   4,4 g/l

code SAQ: 12676307

Mescladis 2015

Pic St-Loup, Domaine Clavel, France, 12,5 %

Un rosé comme on les aime : énergique, bien frais avec des tonalités de coulis de petits fruits rouges, de pivoine, de garrigue et une touche épicée. On sent le fruit tendre, une acidité fine, vibrante et une finale passablement soutenue où les arômes du vin viennent chatouiller le bulbe olfactif. 60 % de syrah, le reste de grenache (30 %) et de mourvèdre (10 %). Vin bio.

19,20 $ ★★½ – $$ **1,2 g/l**

code SAQ: 12924770

Les Mauvarennes 2014

Mercurey, J. Faiveley, France, 13 %

On est tout de suite charmé par la pureté du fruit qui jaillit du verre. On reconnaît facilement le pinot noir par ses notes de fraise et un fond d'épices et de fumée. Belle prestance, avec une matière mûre, bien ciselée, tonique, offrant une grande buvabilité et qui évite le piège des pinots parfois durs que l'on retrouve à Mercurey. Avec 15 % de rabais à l'achat de 12 bouteilles de n'importe quel vin, il revient à 21,42 $ la bouteille, ce qui est fort raisonnable pour un pinot noir de cette qualité.

25,20 $ ★★★ – $$ ½   **1,4 g/l**

code SAQ: 864629

La Vieille Ferme 2015

Lubéron, Famille Perrin, France

La famille Perrin, à qui l'on doit le célèbre châteauneuf-du-pape du Château de Beau-castel, marque à nouveau un grand coup avec ce petit blanc absolument irréprochable. C'est bien parfumé tout en restant simple et efficace. Tonalités de fleur de pommier, de pêche blanche et de miel. Bouche bien construite, fruit tendre, acidité basse, mais fine, beaucoup de franchise et d'harmonie. Ça se laisse boire tout seul. Difficile de trouver mieux sous les 15 $.

14,95 $
★★ ½ – $ ½
1,5 g/l

code SAQ: 298505

5 VINS À OUVRIR

QUAND ON RELAXE DANS SON BAIN

(SEUL OU PAS !)

(PATRICK DÉSY)

Quoi de mieux que de relaxer en prenant un petit verre de vino dans un bain fumant. Seul, à deux (parce que c'est mieux) ou à plusieurs si vous avez... un spa ! Parce que chez les Méchants Raisins, comme dans la chanson de Radio Radio, « y'a d'la place en masse dans mon jacuzzi » !

Masciarelli 2014
Montepulciano d'Abruzzo, Italie, 13 %

Le genre de vin avec lequel on peut jongler à table ou... dans son bain en le buvant pour lui-même. Fait de montepulciano, il dégage des odeurs agréables de framboise, de cerise, d'herbe et d'anis. La bouche est marquée par un fruit léger, un peu rond, mais l'acidité relevée lui donne du tonus, si bien qu'on ne perçoit pas les presque 6 g de sucre résiduel. Moyennement corsé, il plaira au plus grand nombre.

17,20 $
★★½ – **$$**
5,6 g/l

code SAQ: 10863774

Fleur de l'Europe
Fleury, Champagne, France, 12,5 %

Il faut évidemment un peu de bulles ! Une maison au profil assez traditionnel avec ses notes de brioche à l'anglaise et un côté qui flirte avec l'oxydatif, ce qui apporte beaucoup d'élégance. C'est bien sec, assez long et d'une grande buvabilité. Cher, mais c'est le prix à payer pour du champagne !

53,25 $
★★★½ – **$$$$ ½**
1,4 g/l

code SAQ: 12669641

Antonyme 2014
Canet Valette, Saint-Chinian, France, 13,5 %

Parfait petit rouge de soif à siroter dans son bain ! Un assemblage à parts égales de cinsault et de mourvèdre. Ça donne un vin très expressif et axé sur la pureté. On pourrait même croire à un vin « nature », mais avec aucun côté déviant. Notes de fumée typées de saint-chinian. Beaucoup de vivacité et, surtout, cette impression de croquer dans le raisin. Ensemble mi-corsé et de longueur plus qu'enviable. Servir frais, autour de 15-16 degrés.

17,80 $**   ★★★ - **$$
2,5 g/l   code SAQ: 11013317

O Rosal 2015
Terras Gauda, Rias Baixas, Espagne, 12 %

Un mélange de fruits blancs (poire), de fleur, d'iode, de pomme verte mûre, de miel et d'herbe coupée. Une bouche axée sur la pureté du fruit, sans bois, de bonne densité, presque huileuse, avec une acidité vive qui apporte de la droiture et masque de brillante façon les quelque 5 g de sucre. Belle persistance en finale.

25,75 $**   ★★★ - **$$ ½
4,7 g/l   code SAQ: 10858351

Trilogie 2014
Barmès Buecher, Alsace, France, 12,5 %

Si l'Alsace produisait davantage de vins aussi frais, légers et précis que celui-ci, j'en boirais tous les jours ! Le pinot blanc (40 %) apporte des notes florales et de miel, tout en contribuant à l'aspect aérien en bouche. En plus d'ajouter la touche d'hydrocarbure/gelée de pétrole typique au cépage, le riesling (40 %) participe à la structure et à l'élégance du vin. Le pinot gris complète le tableau avec une touche d'exotisme. C'est bien sec, harmonieux, tout en fraîcheur et d'une sapidité étonnante.

21,45 $**   ★★★ - **$$
1,6 g/l   code SAQ: 12254420

5 VINS POUR LES VIRÉES À LA PÊCHE

(PATRICK DÉSY)

C'est connu, à la pêche, on se ramasse souvent avec plus de bouteilles vides que de poisson pêché !

C'est souvent entre amis, sur le bateau en train de siroter une petite bière, que ça commence, puis ça se poursuit de retour au camp, où le tire-bouchon se fait aller et les bonnes bouteilles défilent !

The Brock Chardonnay 2014
Comté du Prince-Édouard, Closson Chase, Canada, 13,5 %

Un vignoble situé à un jet de pierre de Montréal, ou presque ! Cette petite péninsule d'Ontario est en train de se tailler une place de choix sur l'échiquier des meilleurs chardonnays. Rien de moins ! Des parfums, ici, nuancés de fruits blancs, de fleur et d'une touche de grillé. On sent la texture ample, mais aussi une acidité vibrante qui apporte beaucoup de tenue et de vivacité au vin. Finale soutenue sur des notes d'amer et d'iode. Vous allez piéger tous vos invités avec cette bouteille ! Servir autour de 8 degrés. Capsule à vis. Brochet en sauce. *Difficile à trouver*

23,10 $ ★★★ - $$ ½   1,7 g/l

code SAQ: 12855516

Les Champs Royaux 2014
Chablis, William Fèvre, France, 12,5 %

De loin l'un des meilleurs chablis disponibles à la SAQ. Le millésime 2014 a donné des vins très classiques avec des acidités hautes et des matières nourries. Ce Champs Royaux évoque à merveille le côté à la fois salin, droit, mais aussi tendre et volumineux qui fait la magie de Chablis. Le 2015, qui devrait prendre le relais sous peu, présente un profil légèrement plus rond tout en gardant le même sens de précision. Doré sauté au beurre avec un trait de citron et le tour est joué !

24,95 $ ★★★ - $$ ½   n.d.

code SAQ: 276436

Pouilly-Fuissé 2015
Jean-Claude Boisset, France, 13 %

Encore une réussite pour les vins de Jean-Claude Boisset avec cette version 2015 du Pouilly-Fuissé. La clé de ce succès : le talentueux et sympathique Gregory Patriat qui a fait ses classes sur le terrain plutôt qu'à la fac d'œnologie, notamment chez Lalou Bise-Leroy qui produit parmi les plus grands vins de Bourgogne. Probablement plus ample, plus gras que le 2014, avec une acidité plus basse aussi, il offre une texture en bouche plus riche, sans perdre en nuances, et une finale au profil exotique. De la belle Bourgogne à prix abordable. Si vous êtes puriste, vous risquez de vous ennuyer du 2014, mais chose certaine, il fera un malheur avec les pâtes au homard et au crabe. Saumon, truite, tout lui va !

25,85 $ ★★★ - $$ ½   **1,6 g/l**

code SAQ: 11675708

Grüner Veltliner 2015
Karl Fritsch, Donauland, Autriche, 12 %

Le grüner-veltliner est un cépage méconnu ici, mais qui mérite toute notre attention. Un blanc qui étonne par sa vivacité et la complexité de ses parfums : pomme verte, menthe sauvage, citron confit, abricot, poire, craie. C'est dense, plutôt ample et doté d'une acidité vibrante. Longue persistance en finale. Dégusté sur sept jours, le vin s'est bonifié (safran, cari, plus soyeux) au contact de l'air, ce qui laisse entrevoir un bel avenir en cave. Génial avec les poissons de roche.

19,95 $ ★★★ ½ - $$ **3,5 g/l**

code SAQ: 118852034

Lou Maset 2014

**Coteaux du Languedoc,
Domaine d'Aupilhac, France,
13 %**

Vous préférez le rouge avec
votre poisson ? Pas de problème ! Ou presque… Optez
pour ce très joli rouge, tout en
délicatesse. Robe pâle et lumineuse. Un peu de réduction en
ouverture. Avec un peu d'air,
le bouquet s'ouvre sur des
notes de fraise, de prune et de
violette. La bouche présente un
profil immensément gou-
leyant, énergique, simple, mais
équilibré et avec ce qu'il faut
d'amertume en finale pour
donner du coffre au vin. Sans
doute le meilleur millésime de
cette cuvée d'entrée de gamme
par ce domaine phare du Languedoc. Indice de picolabilité
dangereusement élevé. Saumon, thon et autres poissons à
chair rouge.

17 $
★★★ – $ ½
1,4 g/l

code SAQ: 11096116

242

LES **4** MEILLEURES

ET LES

LES **2** PIRES
CHOSES

À FAIRE POUR TE REMETTRE

D'UNE GUEULE
DE BOIS

(MATHIEU TURBIDE)

Soyons clairs : abuser de l'alcool, que ce soit du vin, de la bière ou des spiritueux, c'est rarement une bonne idée. Et ça vient inévitablement avec son lot de complications physiques et mentales : mal de bloc, bouche sèche, mauvaise humeur, pertes de mémoire, etc. Et je ne parle pas des risques d'indigestion ou, pire, de la honte ressentie lorsqu'un ami nous rappelle les phrases gênantes qu'on ne se souvient plus d'avoir dites la veille, du genre « Eille toooi, est-ce queeee je t'ai déjà dit que je t'aîîîîîîîîîîîîîîme ? » ou mieux : « Toi, le smatte, je ne t'ai jamais aimé la faaaace »...

Le lendemain, c'est le réveil brutal. Les grandes cloches qui sonnent dans la caboche. On se demande où on est. On a de vagues souvenirs de la veille.

Que faire ?

Les Méchants Raisins ont beau avoir de l'expérience en la matière, il n'existe pas de recette magique pour se remettre sur pied. Quoique ces quelques trucs pourraient vous aider à trouver votre lendemain de veille moins difficile...

Les 4 meilleures choses à faire

1. Boire de l'eau

Le principal inconfort découlant de l'abus d'alcool est relié au fait que l'alcool déshydrate. C'est la déshydratation qui donne la bouche sèche. C'est aussi le même phénomène qui cause la plupart des maux de tête. Il faut donc boire de l'eau et boire encore de l'eau. Idéalement, pas seulement le lendemain, mais PENDANT que l'on consomme de l'alcool. Il faut, paraît-il, boire huit verres d'eau par jour, en temps normal. Lorsqu'on abuse de l'alcool, il faut pratiquement doubler cette quantité. Il peut être opportun aussi de boire deux grands verres d'eau avant d'aller au lit et encore le lendemain matin, en se levant.

2. Dormir un bon coup

Ça semble une évidence, mais c'est l'une des raisons pour lesquelles les « brosses » de milieu de semaine sont encore plus pénibles, puisqu'il faut aller travailler tôt le lendemain. Le corps a besoin de temps et de repos pour se remettre de l'assaut de toutes ces bouteilles de bière et de ces verres de vin ou de scotch que vous lui avez fait ingurgiter.

3. L'ibuprofène

Oui, les fameuses Advil peuvent vous aider à un peu mieux supporter le mal de tête du lendemain. Mais attention, n'en faites pas une habitude : pris avec de l'alcool, l'ibuprofène peut être irritant pour l'estomac, surtout si on le prend de façon régulière.

4. De l'air frais et de la nourriture saine

Ce n'est pas scientifique, mais si on finançait une étude sur le sujet, ça le deviendrait certainement. Allez marcher au grand air, remplissez-vous les poumons d'oxygène frais, plongez dans l'eau fraîche d'un lac, et mangez sainement le lendemain (même si on a souvent tendance à vouloir s'empiffrer de mal-bouffe), ça ne peut pas nuire.

Les deux pires choses à faire

1. NON : pas encore de l'alcool !

Aussi absurde que ça puisse paraître, certains croient dur comme fer que la meilleure solution pour combattre la gueule de bois est de... boire encore le lendemain matin. Franchement. Le seul résultat que ce comportement aura, c'est de prolonger l'état d'ivresse en vous, augmentant ainsi vos chances de développer un problème d'alcoolisme. Allez, vous êtes plus sérieux que ça. Si vous avez abusé un peu beaucoup, donnez donc quelques jours de répit à votre foie.

2. QUOI ? Du jus de tomate ?

Mais non, le jus de tomates n'a pas de propriétés magiques qui vous remettront sur pied le lendemain d'une cuite. Le Clamato non plus d'ailleurs. Et le mélange de ces deux mauvaises idées (le jus de tomate et la bière), non plus. Même que si vous avez l'estomac fragilisé par vos excès de la veille, ça risque de ne pas bien passer, croyez-nous.

4 VINS

ET 1 CIDRE

À SACRIFIER

POUR UNE SANGRIA
QUI SORT DE L'ORDINAIRE

(MATHIEU TURBDE ET PATRICK DÉSY)

Est-ce l'effet Barcelone ? Ou simplement parce que l'idée de mélanger du vin avec des fruits, c'est juste... parfait ?

Toujours est-il que la sangria est en vogue. Et qu'elle évolue en prenant plusieurs formes. Mais une chose demeure : pour faire de la sangria, il faut du vin. Et, non, on ne va pas y mettre notre meilleur vin « nature » ou encore cette bouteille de Vosne-Romanée héritée de notre grand-mère. On choisit des vins simples, ronds, fruités, sans tanins et... pas trop chers.

Voici quatre recettes et des vins pour les réaliser...

Sangria blanche à la pêche

• 1 bouteille de cava espagnol

Reserva Brut Cava
Segura Viudas, 11,5 %

15,55 $ 9 g/l

code SAQ: 158493

• 1 bouteille de vin blanc de pinot grigio

Pinot Grigio 2015
Santepietre, Lamberti, Italie, 12 %

15,85 $ 4,8 g/l

code SAQ: 560524

• 1/2 tasse de schnapps aux pêches
• 1/2 tasse de sirop simple ou sirop aux pêches (style Paquito)
• des pêches en tranches
• quelques framboises

Mélanger tous les ingrédients.
Mettre la glace au dernier moment,
juste avant de servir.

Sangria au moscato et agrumes

(Inspirée du blogue Laylita.com)

- 1 bouteille de moscato doux mousseux italien

Moscato Stemmari 2014
Terre Siciliane, Nosio, Italie, 8,5 %

15 $ **89 g/l**   code SAQ: **12842731**

- 3/4 tasse de Cointreau ou de Grand Marnier
- 1/2 tasse de rhum blanc
- tranches d'orange, de pamplemousse, de lime et de citron

Mélanger tous les ingrédients.
Mettre la glace au dernier moment, juste avant de servir.

Sangria traditionnelle

- 1 bouteille de vin rouge souple et fruité

Castillo de Monseran 2015
Cariñena, Bodegas San Valero, Espagne, 12,5 %

10,25 $ **1,4 g/l**   code SAQ: **624296**

- 1/2 tasse de rhum brun
- 1/2 tasse de Cointreau
- 1/2 tasse de gin
- sirop simple ou sucre au goût
- tranches de pêche, de pomme, d'orange et de citron (avec les peaux)

Mélanger tous les ingrédients.
Mettre la glace au dernier moment, juste avant de servir.

Sangria au cidre

• 1 bouteille de cidre mousseux

Bulle de Neige
Cidre mousseux,
La Face Cachée de la Pomme,
Québec, 7,5 %

16,05 $
38 g/l

code SAQ: 11398253

• 1 tasse de jus de pomme
• quelques bâtons de cannelle
• les graines d'une grenade
• quelques quartiers de pomme, tranchés fin
• quelques tranches de gingembre frais pour donner un peu de piquant

Mélanger tous les ingrédients.
Mettre la glace au dernier
*   moment, juste avant de servir.*

6 COCKTAILS TENDANCE
PAR SIX MIXOLOGUES TENDANCE

(PATRICK DÉSY)

La mixologie, l'art de faire des cocktails, connaît un fulgurant élan populaire au Québec. On voit apparaître de plus en plus d'écoles dédiées à la chose et de bars spécialisés dans les cocktails.

Le Québec peut d'ailleurs se vanter d'avoir le meilleur mixologue du Canada (2015) en la personne de Romain Cavelier. C'est encore un milieu assez masculin, mais de plus en plus de femmes y font heureusement leur place. Bref, ça nous change de Gina, la barmaid du bar du coin. Voici six maîtres du *shaker* qui ont bien voulu nous livrer le secret de leur meilleure mixture.

Manuel Perrier
Mixologue, consultant et professeur indépendant
Old Fashioned Sauvage

Ingrédients

- 1,5 oz de gin Cirka Sauvage
- 0,5 oz de grand marnier Cordon Rouge
- 5 gouttes de bitter Fee Brothers's Old Fashioned
- 1 zeste de pamplemousse

Méthode

Dans un verre à mélanges, mettre les 3 premiers ingrédients. Remplir de glace et mélanger à la cuillère jusqu'à ce que le volume liquide ait presque doublé (environ 40 % d'eau). Filtrer dans un verre de type Rocks plein de glace. Ajouter un zeste de pamplemousse.

Simon Faucher
Mixologue et sommelier chez Maggie Oakes
Sour d'arrière-saison

Ingrédients

- 1,5 oz de brandy de pomme Calijo de Michel Jodoin
- 1 oz de cidre de glace Avalanche de Clos Saragnat
- 0,75 oz de Verjus
- 1 blanc d'œuf
- 2 gouttes d'armargo bitter

Méthode

Dans un shaker, mélanger tous les ingrédients. Remplir le shaker de glace et mélanger à nouveau. Filtrer les ingrédients et servir dans une coupette décorée d'une pommette et de raisins locaux.

Vincent Vaillancourt-Séguin

Mixologue chez Les Intraitables

Café Chic

Ingrédients

- 1,5 oz de rhum Chic Choc
- 0,5 oz de sirop de vanille maison * (voir recette ci-dessous)
- 1 oz d'espresso italien
- 2 gouttes de bitter Aztec Chocolat (disponible chez Alambica)
- Chocolat en poudre

Méthode

Dans un verre à mélanges, verser les ingrédients, ajouter de la glace et bien remuer.

Filtrer une première fois à l'aide d'une passoire et une seconde fois avec une passoire fine (*strainer* et *fine-strainer*) dans un verre de type Rocks de 9 à 12 oz avec moitié de glace. Finir avec le chocolat en poudre.

*Sirop de vanille

Dans une casserole, faire bouillir 1 litre d'eau avec 1 litre de sucre blanc. Ajouter une gousse de vanille, laisser infuser en s'assurant que le sucre est complètement dilué. Laissser reposer et mettre dans une bouteille de verre, puis au frigo. Se conserve de 7 à 10 jours.

Romain Cavelier
Meilleur mixologue du Canada 2015
Un Frère de Monastir

Note : Un des mentors de Romain se nomme Taoufike Zrafi et est originaire de Monastir, en Tunisie. Avec lui, il en a énormément appris sur les cocktails de même que sur les saveurs et épices méditerranéennes.

Ingrédients

- 2,25 oz de gin Cirka
- 0,5 oz de vermouth rouge
- 0,5 oz de sirop de lavande * (voir recette ci-deessous)
- 0,25 oz de jus de pomme
- 2 gouttes d'angostura orange bitters
- 1 brin de lavande

Méthode

Mettre tous les ingrédients liquides dans un verre à mélanges. Mélanger 10 secondes à l'aide d'une cuillère de bar. Filtrer dans un verre à martini ou une coupette refroidie. Garnir du brin de lavande.

*Sirop de lavande

- 2 tasses (500 ml) d'eau
- 5 brins de lavande
- 2 tasses (500 ml) de sucre

Porter 2 tasses d'eau et 5 brins de lavande à ébullition. Ajouter 2 tasses de sucre et ramener à ébullition. Retirer du feu et laisser refroidir à température ambiante. Filtrer.

Lawrence Picard
Mixologue chez Nectar & Co. Bar à Jus
Collins basilic-fraise

Note : Développé de concert avec le biérologue Sylvain Bouchard,
le Collins basilic-fraise utilise la complexité et la fraîcheur de la
Blanche de Chambly ainsi que le goût poivré du basilic.

Ingrédients
- 6 oz de Blanche de Chambly
- 1 oz de sirop simple
- 0,5 oz de citron frais
- 4 fraises du Québec
- 4 feuilles de basilic

Méthode

Mettre des fraises du Québec en dés, plusieurs feuilles de basilic
frais et de la glace dans une pinte à bière. Ajouter le sirop simple, le
jus de citron frais pressé et compléter le tout avec 6 oz de Blanche
de Chambly. Décorer avec une fraise et une feuille de basilic.

Gabrielle Panaccio
Mixologue et propriétaire des bars Lab et Proxibar
L'Improviste

Ingrédients
- 2 feuilles de basilic
- 0,5 oz de sirop d'orangeade
- 0,5 oz de jus de lime frais
- 2 oz de jus d'ananas
- 1 oz de vodka
- 1 oz d'Absente 55

Méthode

Dans un shaker, mettre tous les ingrédients et ajouter de la glace jusqu'à la moitié du récipient. Bien agiter pendant 5 à 8 secondes. Filtrer dans un verre à martini et décorer d'une feuille de basilic et d'un morceau d'ananas.

LES 5 MEILLEURS ALCOOLS DE MICRO-DISTILLERIES

DU QUÉBEC

(PATRICK DÉSY)

Oubliez le Caribou, cette boisson alcoolisée à base de vin chaud à laquelle on ajoute du brandy, de la vodka et du porto et que l'on buvait au Carnaval de Québec.

Il y a évidemment les Sortilège et les nombreuses vodkas aromatisées ou non qui remplissent les tablettes de la SAQ, mais il y a depuis quelques années un impressionnant essor d'alcools produits par des microdistilleries québécoises. Il reste encore pas mal de chemin à faire afin d'assouplir la réglementation entourant la production d'alcool au Québec, notamment en ce qui a trait à la possibilité de vendre les produits directement sur place. Reste que l'engouement est bien palpable et que la qualité comme l'originalité sont au rendez-vous. Pour l'heure, on retrouve surtout des dry gins, mais aussi quelques rhums, vodkas et autre eau-de-vie intéressantes. En voici cinq à essayer.

Gin de Neige
La Face Cachée de la Pomme, 43 %

Un gin original à base de grains canadiens et d'eau de pomme issue de cidre de glace par une maison qui se passe presque de présentations. C'est léger, féminin, un peu sauvage et surtout savoureux. Il contient des herbes du Québec telles que les baies du genévrier, le mélilot, l'épinette blanche et le lichen.

30,50 $ (500 ml)   code SAQ: 12755081

Pom de vie
Michel Jodoin, 41 %

Une eau-de-vie élaborée à base de pomme. C'est bien parfumé avec des odeurs de caramel, de pomme cuite, de fleur et de miel. Assez puissant, il pourra très bien être dégusté seul en fin de repas ou avec les fromages forts, comme le cheddar vieilli ou un bleu Élisabeth.

44,50 $ (375 ml)   code SAQ: 611756

Piger Henricus
Les Distillateurs subversifs - Latitude 45, 43 %

Belle découverte que ce gin au caractère sauvage, qui comprend le panais parmi la liste de ses ingrédients. C'est fait par Les Distillateurs subversifs, une microdistillerie située près de Saint-Jean-sur-Richelieu, en Montérégie. Les « Subversifs » se sont associés avec la Société des plantes de Kamouraska afin de maximiser l'originalité de ce joli produit d'ici.

30,50 $ (500 ml)   code SAQ: 11950597

Terroir Vodka
Cirka, 40 %

Une des premières vodkas fabriquées entièrement à Montréal. Filtrée au calcaire et non au charbon, elle affiche des arômes de céréales, de genévrier et de fleur blanche. La distillerie utilise une levure de champagne pour fermenter le maïs québécois et obtenir le distillat, ce qui apporte des tonalités de pain grillé et de gâteau séché à la vodka.

43,50 $ (750 ml)
code SAQ: 13012414

Gin St. Laurent
Distillerie du St. Laurent, 43 %

Parfumé aux laminaires, des algues qui poussent dans le fleuve Saint-Laurent, c'est probablement le plus salin des gins fabriqués au Québec. Le tout est produit à Rimouski, dans le Bas-du-Fleuve. Original.

48,25 $ (750 ml)
code SAQ: 12881538

L'OBJECTIVITÉ SUBJECTIVE

(CLAUDE LANGLOIS)

L'objectivité est un concept difficile à appliquer quand notre travail consiste à être chroniqueur de vin, entend-on souvent. Idem, en fait, pour quiconque fait le métier de critique.

Difficile, mais, comme me l'a déjà dit un jour ma petite-fille de quatre ans qui essayait de grimper seule dans son siège d'auto (et l'ayant sans doute entendu de la bouche de ses parents), « difficile, mais pas impossible ».

Il me semble en effet qu'on puisse être raisonnablement capable d'objectivité, si on entend par là cette démarche intellectuelle qui consiste à analyser une matière ou une donnée quelconque dans sa froide réalité, dans son froid contexte, dans ses froides composantes, mais aussi dans la propre froideur de celui qui analyse, n'essayant surtout pas de faire intervenir ses goûts ou ses préférences personnelles.

L'objectivité, dans le fond, dans le cas qui nous occupe, n'est qu'une simple, mais rigoureuse cueillette d'informations, de données, de data, dirions-nous aujourd'hui, et que chacun tente d'effectuer dans les limites de son talent.

LE VIN

Ainsi, cueillir objectivement des informations sur un vin, c'est en noter la couleur, en décrire les arômes, les composantes (taux d'alcool, niveau d'acidité, masse tannique, etc.).

Je peux donc goûter cinq vins de sauvignon, les décrire avec toute l'objectivité relative dont l'honnête analyste que je suis est capable, et ne pas du tout aimer le sauvignon.

Idem pour le chroniqueur de spectacles, pour prendre un autre exemple, l'ayant aussi été dans une autre vie.

Ne pas aimer un chanteur ou son répertoire n'empêche pas le critique d'écrire que son spectacle était excellent, le cas échéant, en regard de la qualité de sa voix, de sa présence sur scène, de la prestation des musiciens, de l'ensemble de la production, etc.

Mais avec le temps, forcément, mon approche de la critique en général et de la dégustation en particulier a changé.

UN EXEMPLE

Pour me faire bien comprendre, je donne l'exemple de cette dégustation marathon organisée périodiquement par l'AQAVBS (Association québécoise des agences de vins, bières et spiritueux), et au cours de laquelle la presse spécialisée goûte une bonne cinquantaine de vins, parfois plus.

Après une analyse froidement technique, je pourrais chaque fois en recommander une bonne vingtaine, sinon davantage, sans que le consommateur se sente floué s'il devait les acheter sous ma recommandation.

Mais ce n'est justement plus ma façon de faire, aujourd'hui, pour cette bonne raison qu'arrive aussi, outre la variable du goût personnel qui s'introduit à un moment ou l'autre, quand l'analyse objective se termine et que commence le travail du critique, cette autre variable qui s'impose de plus en plus en vieillissant et que j'appellerai, à défaut de mieux la nommer, celle de l'urgence de choisir.

De choisir ce qui, égoïstement, nous plaît, nous fait du bien.

Plus on vieillit, plus on écarte, plus on élimine, plus on sait davantage ce que l'on veut et ce que l'on ne veut pas.

Car on se rend compte, avec le temps, que la froide analyse des choses, dans certains cas, surtout dans la recherche du plaisir comme c'est le cas avec le vin, peut nous mener nulle part.

Après avoir vu, visité, goûté, bu, tâté, apprécié, détesté un peu de tout et de rien dans les multiples petits univers que la vie nous amène à fréquenter comme être humain, chacun apprend à reconnaître ce qu'il aime, l'émeut, le rend heureux.

Autrement dit, devant un certain nombre de choses, de situations, de possibilités, si à la froide analyse plusieurs d'entre elles se valent objectivement, selon tel ou tel facteur, dans le cas qui moi m'occupe en ce moment précis, je fais le choix X, pour cause de grand bonheur.

Concrètement, cela pourrait se traduire par ceci : comme je ne veux plus perdre mon temps avec, disons, 50 sauvignons qui se ressemblent ou qui sont tous plus ou moins interchangeables, bien qu'objectivement corrects et même bons et recommandables, je ne choisirai que celui ou les quelques-uns qui, égoïstement, me feront grand plaisir à boire.

Autrement dit, ce choix hautement subjectif vient conclure et coiffer l'analyse objective de mes autres choix.

Voilà ce que j'entends, finalement, par l'objectivité subjective.

Je sais, ce fut un peu long, et tout cela m'a donné grande soif.

LES 5 MEILLEURS PORTOS PAS CHERS

(MATHIEU TURBIDE)

Le porto a peut-être perdu un peu de la popularité qu'il avait atteint au tournant des années 2000, au Québec, mais il reste encore le vin fortifié par excellence.

En voici cinq qui ne vous feront pas trop délier les cordons de votre bourse.

Porto Rei
Porto tawny, Offley, Portugal, 19,5 %

À aussi petit prix, vous ne trouverez pas mieux : c'est peut-être un tawny, mais ce porto a beaucoup de fruit à offrir. Ça sent la fraise, la réglisse rouge, c'est jovial et agréable. Rien de très puissant ni de très complexe, mais bien équilibré et satisfaisant. À servir assez frais.

15,75 $ (+ 0,05 $)   ★★★ - $ ½   100 g/l

code SAQ: 157438

Late Bottled Vintage Offley 2011
Porto LBV, Offley, Portugal, 20,5 %

L'un des Late Bottled Vintage les moins chers sur le marché, c'est aussi l'un des meilleurs. Dans un style plus fruité et moins boisé que le Taylor Fladgate, ça demeure un porto aux notes de pruneaux et de figues, riche et concentré, avec des tanins quand même présents et une longue finale.

19,95 $ ★★★ - $$ 99 g/l

code SAQ: 483024

Late Bottled Vintage 2012
Porto, Taylor Fladgate, Portugal, 20 %

L'un des LBV les plus satisfaisants, année après année. En fait, il faut savoir que les LBV ont été inventés par la maison Taylor Fladgate au début des années 1970. Le style Taylor Fladgate, c'est d'abord la richesse du fruit, beaucoup de matière, avec des arômes typiques de cerises noires, de bleuets, de prunes et de caramel. Le 2010 est très réussi.

21,80 $ (+0,05 $)   ★★★ - $$ + de 60 g/l

code SAQ: 46946

Late Bottled Vintage 2011
Porto, Graham's, Portugal, 20 %

Le LBV était à l'origine un porto « vintage » moins réussi qu'on mettait en bouteille quelques années plus tard, d'où le nom. Ce vieillissement prolongé lui a donné un caractère propre, plus lisse et plus facile d'approche que les grands vintages (qui ont besoin de vieillir plusieurs années en bouteille). Le LBV 2010 de Graham's est particulièrement réussi : riche et équilibré avec beaucoup de fruit (raisins secs, bleuets, dattes). À moins de 20 $, c'est le meilleur de sa catégorie.

19,95 $**   ★★★ – **$$ **+ de 60 g/l**

code SAQ: 191239

Warre's Otima Tawny 10 ans
Symington, Portugal, 20 %

Les portos tawny 10 ans sont en quelque sorte la porte d'entrée vers les grands tawny, ces portos vieillis au contact de l'air, qui développent des arômes de noix et de caramel très caractéristiques. Plus abordables que les 20 ans ou les 30 ans, ils sont quand même très chers. C'est pourquoi ce tawny 10 ans, offert en bouteille (claire) de 500 ml, permet de découvrir ce genre de porto sans se ruiner. C'est, en plus, un très bon 10 ans, intense au nez comme en bouche, avec une qualité de saveurs remarquable et une longueur en bouche impressionnante.

23,95 $** (500 ml)   ★★★ ½ – **$$$ ½
+ de 60 g/l   code SAQ: 11869457

LES 5 MEILLEURS PORTOS DISPONIBLES À LA SAQ

(PATRICK DÉSY)

Au-delà de l'intense histoire d'amour que le Québec a vécue avec cette boisson à la fin des années 1990 et qui s'est terminée un peu en queue de poisson à partir des années 2000, le porto demeure un grand vin qui gagne à être mieux compris.

Il suffit de penser aux somptueux tawnys – en mention d'âge (10, 20, 30, 40 ans) comme en version colheita avec l'année de récolte et la date de mise en bouteille – ou aux magnifiques vintages, qui peuvent défier le temps comme peu de vins peuvent le faire, pour affirmer haut et fort que le porto demeure une grande référence.

Sans parler des prix qui restent, toute chose étant égale, encore raisonnables. Des vins indémodables qui méritent une place dans le cellier de tout amateur à la recherche de grands vins. Voici, au moment de mettre sous presse, les plus beaux achats à faire si vous souhaitez goûter à la quintessence du douro.

Taylor Fladgate Vintage 2011
Porto, Portugal

Taylor, c'est le Château Latour du douro. Un style charnel, sensuel, opulent, racé, profond et rarement inaccessible. Les vintages de la maison évoluent avec grâce. Le 2011 est une immense réussite. Un vin qui pourra vieillir quatre à cinq décennies sans problème. Le format demi-bouteille permet au vin d'évoluer plus rapidement qu'en format de 750 ml, ce qui nous donne l'occasion de les approcher plus rapidement.

75,25 $ (format 375 ml)
★★★★★ - $$$$$
n.d.

code SAQ: 899336

Croft Vintage 2011 Porto, Portugal

Ce Croft fait partie des plus belles réussites dans ce millésime béni des Dieux. Un vin riche et onctueux doté de tanins fermes et offrant une impressionnante persistance en finale. À garder encore au moins 10 ans pour commencer à l'approcher tout en sachant qu'il pourra se conserver près d'une cinquantaine d'années.

119,75 $**   ★★★★½ - **$$$$$ **n.d.**

code SAQ: 12274826

Dow's Vintage 1994
Porto, Portugal

Dow's affiche toujours un profil plus sec que les autres portos vintages. Provenant d'un très grand millésime, ce 1994 commence doucement à s'ouvrir et à livrer ses secrets. C'est un porto d'esthète qui pourra se conserver encore de nombreuses années.

109 $**   ★★★★½ - **$$$$$ **n.d.**

code SAQ: 10320534

Silval Vintage 2007
Quinta do Noval, Porto, Portugal

Avec Taylor, Fonseca, Graham's, Dow's et Warre's, Quinta do Noval s'inscrit comme l'un des grands ténors du douro. Le Silval, l'entrée de gamme de la maison en vintage, est toujours aussi impeccable et se révèle magnifiquement constitué dans ce millésime considéré comme l'un des meilleurs de la décennie 2000. Il faudra attendre encore 5 à 7 ans pour l'apprécier à son meilleur. Il pourra se bonifier sur 20 à 30 ans.

96 $**   ★★★★ - **$$$$$ **n.d.**

code SAQ: 11214581

Baron de Forrester Colheita 1988

Offley, Porto, Portugal

Il n'y a pas que le vintage ! Les colheitas et autres portos de type tawny peuvent être tout aussi bons, voire meilleurs. Ils représentent souvent un superbe rapport qualité-prix sans parler du fait qu'ils sont habituellement prêts à boire dès leur mise en marché. Des parfums enivrants, une caresse en bouche : ce 1988 est tout simplement irrésistible.

58,75 $
★★★★ - $$$$ ½
140 g/l

code SAQ: 599944

LES 5 MEILLEURS VINS DE DESSERTS

QUE TU VAS AIMER SI TU ES UNE BIBITTE À SUCRE

Y'en a, c'est le salé, d'autre le sucré. Si vous êtes de ces derniers, voici les cinq meilleurs vins de dessert que l'on trouve facilement et pour lesquels vous n'avez pas à ré-hypothéquer votre maison pour vous les procurer.

Cuvée Parcé Frères 2014
Banyuls, Domaine de la Rectorie, France, 17 %

Impossible de résister à une telle bombe de fruits ! Des parfums envoûtants de bleuet sauvage, de prune, de cerise noire, de framboise sauvage, d'encens et un fond d'iode qui nous rappelle la proximité de la mer. Une caresse en bouche. C'est juteux, soyeux et d'une étonnante fraîcheur. L'équilibre entre l'acidité et le sucre est magistral, si bien qu'on prend rapidement envie de s'en servir un autre verre. Servir autour de 14 degrés.

23,45 $** (500 ml)   ★★★★ - **$$$ **90 g/l**

code SAQ: 10322661

Muscat de Rivesaltes 2010
Domaine Cazes, France, 15 %

Un assemblage à parts égales de muscat d'Alexandrie et de muscat à petits grains donnant un vin reconnaissable parmi mille. Des parfums bien expressifs et précis de pêche, de fleurs et d'ananas. C'est toujours ostentatoire en jeunesse avec ce côté riche. Mais cette texture crémeuse, tout en étant dotée d'une belle acidité, saura marier le côté onctueux de la charlotte, tout en induisant un savant mélange des arômes avec les bleuets. Notez aussi que vous n'êtes pas obligé de terminer la bouteille puisqu'une fois ouvert, le vin peut se maintenir une quinzaine de jours, voire plus dans le frigo. Servir bien frais, autour de 8-10 degrés.

15,45 $**   ★★★½ - **$$$ **60 g/l**

code SAQ: 10810138

Samos 2014

Muscat de Samos, Coopératives Vinicoles de Samos, Grèce, 15 %

Possiblement le vin grec le plus ancien sur les tablettes de la SAQ. N'allez pas chercher midi à quatorze heures : c'est du muscat bien typé avec des parfums intenses de raisin de Corinthe, de miel et de zeste d'orange. C'est évidemment doux, jamais plat, bien constitué et de longueur appréciable. C'est une excellente introduction au muscat. Impeccable vu le prix. Servir bien frais en fin de repas.

13,75 $ ★★½ - $ ½   **n.d.**

code SAQ: 44578

Almacenista Palo Cortado Vides

Xérès, Lustau, Espagne, 19 %

La quintessence du xérès. Couleur vieil or/cuivre avec reflets fauves. Nez d'une grande richesse qui peut rappeler de grands tawny : caramel, vanille, baba au rhum, gingembre, rhum épicé, laurier, genévrier. Le choc entre l'impression d'un vin sucré et le côté pourtant bien sec du vin peut surprendre. La bouche est grasse, ample, mais presque tranchante par son acidité. Une finale caressante, fumée et saline qui s'installe et se déploie par palier, légèrement tanique, d'une précision à couper le souffle, à l'aromatique étourdissant et d'une persistance phénoménale. Du grand vin, tout simplement.
Difficile à trouver

35,25 $ ★★★★½ - $$$ ½   **n.d.**

code SAQ: 11334794

Château Bastor-Lamontagne 2009
Sauternes, France, 14 %

Impossible de passer sous silence les vins de Sauternes, la Mecque des vins sucrés élégants. Année après année, le Bastor-Lamontagne affiche une régularité qualitative qu'il faut saluer. Issu d'un millésime chaud, il offre un nez finement botrytisé, une sensation de liqueur énergique et une finale plutôt longue et racée. On peut le boire maintenant tout en sachant qu'il pourra se garder une dizaine d'années sans problème. C'est cher, mais les coûts de production sont énormes et les profits difficiles, à Sauternes.

28,45 $ (375 ml)
★★★ ½ – $$$$ ½
60 g/l

code SAQ: 11016067

LA MINÉRALITÉ,
C'EST CLAIR COMME DE L'EAU DE ROCHE

(CLAUDE LANGLOIS)

Parlons de la minéralité du vin, dont plusieurs disent que c'est un concept nébuleux, et qu'à l'analyse du vin, de toute façon, il n'y a pas (ou si peu) de composés minéraux.

En fait, les quelques parties par million qu'on y trouve de potassium, de calcium ou de magnésium n'ont en soi aucun goût.

Donc, la minéralité dans un vin, mon vieux, tsé veux dire !

Mais commençons par le début. Et laissons parler un peu la science. Comme l'expliquait il y a quelques mois dans la revue britannique *The World Of Fine Wine* le professeur Alex Maltman de l'Université galloise d'Aberystwyth, géologue particulièrement intéressé par l'influence de la composition des sols sur le vin, tous les sols, sans exception, sont à proprement parler constitués de minéraux.

Il y a bien sûr le socle rocheux lui-même, la roche mère si on préfère, qui peut être de granit, de calcaire, de manganèse, de bauxite, etc.

Et les sols qui peuvent être caillouteux, graveleux, sablonneux, ferreux et contenir à différents degrés des éléments nutritifs minéraux comme le phosphate, le potassium, la silice, le calcium, etc.

Dans un pays comme la France, il est généralement admis que les sols calcaires réussissent mieux au chardonnay, les marnes au pinot noir et l'ardoise au riesling. Mais, selon le professeur Maltman, cela n'est pas forcément vrai ailleurs dans le monde sur les mêmes types de sol.

Car il y a d'autres facteurs qui peuvent jouer, comme l'humidité et la température du sol, son acidité, la vie microbiologique qu'on y trouve, l'eau qu'il contient, etc.; sans parler évidemment du climat tout court.

Or, dit le professeur Maltman, ce n'est pas tant la base rocheuse elle-même qui influe sur la vigne que les éléments minéraux nutritifs dont est constitué son sol.

En revanche, avec le temps, la base rocheuse elle-même finit par se décomposer et se mêler aux éléments minéraux nutritifs de la plante.

Par ailleurs, dit-il, il n'y a aucun marqueur chimique particulier dans un vin qui peut nous indiquer ce qu'est la composition rocheuse du sol de la vigne qui nous a donné ce vin.

Et, ajoute-t-il, dans une dégustation à l'aveugle, il n'y a pas non plus de résultats concluants quant à l'identification des supposées caractéristiques que donneraient aux vins tel ou tel type de sol.

Le goût de la pierre

Oui, professeur, peut-être, sans doute. Encore que, avec tout le respect que je dois à la science et à vos recherches, j'ose mettre un bémol sur cette dernière assertion.

Pour moi, pour le pauvre petit moi que je suis comme dirait Sol, la minéralité dans le vin est un concept qui est clair comme de l'eau de roche.

Justement, en parlant d'eau de roche, chers lecteurs, avez-vous déjà mis dans votre bouche un caillou ramassé dans une source ?

Pour moi, encore une fois, ce que « goûte » un de ces cailloux, si on peut dire, c'est ça la minéralité, et cette minéralité-là, on la retrouve dans certains vins. Mais pas que ça.

C'est aussi le goût de pierre à fusil aussi identifiable dans certains vins de la Loire, ou de craie.

Un sauvignon de la Loire qui goûte la craie n'en contient évidemment pas.

Mais la chose demeure que si vous avez déjà mis un bout de craie dans votre bouche, quand vous étiez écolier (c'est un goût qu'on n'oublie pas), et que vous goûtez certains sauvignons de la Loire, ça peut effectivement vous rappeler ce goût de votre enfance.

Et comme par hasard, le sol du Val de Loire est très souvent crayeux.

Donc, pour moi, il est parfaitement justifié de dire de ce sauvignon qu'il est minéral. Comme l'est aussi un chablis, le sol de Chablis étant composé de millions et de millions de coquilles d'huîtres préhistoriques fossilisées.

De telle sorte qu'un bon chablis évoque, pour moi comme pour plein d'autres amateurs, ce goût caractéristique du gras de l'huître, mais aussi du calcaire de sa coquille.

Le lait maternel prend le goût des aliments que la mère a mangés. Or, à ce que je sache, on n'a jamais trouvé de particules de chou-fleur ni d'atomes de carottes dans le lait d'une mère qui en avait pourtant mangé le midi ou le soir.

Se pourrait-il que le vin prenne lui aussi jusqu'à un certain point, un peu comme le lait maternel, le goût des éléments minéraux qui ont nourri la plante ?

On dit que les moines bourguignons, pour repérer les sols les plus qualitatifs, goûtaient littéralement à la terre avant d'y planter de la vigne.

Vrai ou faux, avec le recul des siècles, les choix des moines semblent en tout cas avoir été les bons.

Je veux bien, comme le dit le professeur Maltman, qu'il ne soit pas encore démontré scientifiquement qu'il y ait une connexion directe entre le sol et le vin.

Par contre, le professeur admet du même souffle que la relation semble effectivement exister. Pfiou !

« Nous commençons juste à comprendre comment cette filiation (entre le sol et le vin) fonctionne et à en apprécier la remarquable complexité. »

En attendant que la science finisse par comprendre, je continue bien modestement, en tant que vulgaire amateur de vin, à trouver de la minéralité dans certains vins, à goûter la craie dans certains sauvignons de la Loire et à détecter le calcaire de l'huître dans le chablis.

Chanceux, dans le fond, d'être ignorant.

LES 20 MEILLEURS MOUSSEUX

On n'a pas toujours les moyens de se payer du champagne, mais ce n'est pas une raison pour se passer de bulles ! D'ailleurs, il est temps de s'enlever de la tête que les vins mousseux ne sont que de mauvaises imitations de champagnes ou des champagnes de deuxième classe. Ce sont des vins différents, voilà tout, avec leurs caractéristiques propres et qui ne cherchent pas toujours à imiter les vins de Champagne. Le crémant d'Alsace a sa personnalité, celui de Bourgogne aussi, tout comme les blanquettes et crémants du Limoux. Les cavas espagnols sont des vins de fête appréciés et les proseccos italiens, plus légers et frivoles, vous offrent des bulles sans prétention à petit prix.

Évidemment, les mousseux ne sont pas tous bons (les champagnes non plus d'ailleurs). Il y a encore beaucoup trop de mousseux industriels qui ont bien peu de caractère à offrir. Cela dit, dans le reste du lot, il y a de belles choses à découvrir, à commencer par ces 20 perles...

Cuvée Prestige
2012
Franciacorta, Ca'del Bosco, Italie, 12,5 %

Le Franciacorta, c'est le champagne italien à bon prix. La preuve ici avec une maison qui se passe de présentation tellement la qualité est constante. Des parfums aguichants rappelant le gâteau blanc, la levure et un arrière-plan grillé. C'est dense tout en montrant une acidité élevée. Longueur notable. À son meilleur à table plus qu'à l'apéro.

41,75 $
★★★★ – $$$$
5,2 g/l

code SAQ:
11008024

Crémant de Bourgogne Brut
Bailly-Lapierre, France, 12 %

Ce crémant composé à 100 % de pinot noir montre un superbe nez de noisette, de caramel, avec de belles notes fruitées (poire, pomme mûre). En bouche, le vin est goûteux, les bulles fines et agréables, la finale intense et persistante. À 25 $, on en a vraiment pour notre argent.

25 $
★★★ ½ – $$ ½
10 g/l

code SAQ:
11565015

Roederer Estate Brut

Anderson Valley, Roederer, États-Unis, 12 %

La cuvée Brut de l'extension américaine de la maison Roederer se taille encore une place dans notre Top 5. Composé à 60 % de chardonnay et à 40 % de pinot noir, c'est un vin qui surprend par son équilibre entre la matière riche et aérienne et son acidité qui le fait paraître un chouïa vineux en finale. Élégant, avec des tonalités de pomme jaune, de fleur, de croissant chaud et de noisette. On s'approche des quatre étoiles !

32,25 $
★★★ ½
$$$ ½
12 g/l

code SAQ:
294181

Crede 2015

Valdobbiadene-Prosecco, Bisol, Italie, 11,5 %

Nous avons été de nouveau soufflés par la qualité de ce petit prosecco vendu à peine plus de 20 $. Des bulles d'assez bonne finesse, un nez bien expressif d'épices, de fleurs et d'agrumes. Bien sec, simple, énergique et harmonieux. Un véritable vin de soif.

22,65 $
★★★ - $$ ½
7,8 g/l

code SAQ:
10839168

Clos des Demoiselles 2014
Tête de Cuvée, Crémant de Limoux, Laurens, France, 12 %

L'un de nos mousseux favoris, année après année. Belles notes de pain grillé et d'érable au nez. Belle présence en bouche, léger, fin et délicat.

23,90 $ ★★★½ – $$ ½   12 g/l

code SAQ: 10498973

Blanc de Blancs Brut
Crémant de Bourgogne, Vitteaut-Alberti, France, 12 %

Un crémant qui joue davantage sur la finesse que sur la puissance. Belle effervescence, notes de poire, de mie de pain, de beurre. Agréable en bouche, rond et bien fait. On ne sent pas trop le dosage élevé qui laisse une bonne part de sucres résiduels.

25,45 $ ★★★ – $$ ½   14 g/l

code SAQ: 12100308

Cuvée Napa rosé
Californie, Mumm, États-Unis, 13 %

Le Mumm Napa rosé est devenu un classique du genre. Belle couleur rosée, bulles énergiques, nez de fraises fraîches, de levure avec de subtiles notes épicées. En bouche, c'est vigoureux et soutenu. Un beau mousseux rosé qui a de la classe. Un peu cher, mais beaucoup moins que de nombreux champagnes rosés vendus au-dessus de 50 $.

36 $ ★★★ – $$$ ½   12 g/l

code SAQ: 11442672

Brut Cava
Parés Baltà, Espagne

Élaboré à partir de parellada, de maccabeu et de xarel-lo cultivés de manière biologique, c'est selon nous l'un des meilleurs cavas vendus à la SAQ. Jolis parfums de mie de pain, d'iode et d'amande douce. Bouche expressive et friande qui gagne en ampleur. Difficile de trouver mieux à ce prix.

17,95 $ ★★½ – $$ **n.d.**

code SAQ: 10896365

Brut Réserve
Crémant d'Alsace, Pierre Sparr, France, 12,5 %

Un mousseux floral et aromatique, composé majoritairement de pinot blanc avec un peu de pinot auxerrois. Les bulles sont moins fougueuses que la moyenne, plus éparses, mais en bouche, le vin est savoureux, avec des notes de pêche et de pomme mûre. C'est rond et souple, mais soutenu par une belle acidité.

19,60 $ ★★½ – $$ **10 g/l**

code SAQ: 12724065

Sandpiper NV Pinot Noir Chardonnay
Eden Valley, Thorn Clarke, Australie, 12,5 %

Un mousseux du Nouveau Monde, entre le blanc et le rosé, qui nous étonne par sa profondeur. Il montre des arômes de brioche, de levure, de fraises. Dans le style de certains mousseux californiens, mais moins cher.

19,85 $ ★★½ – $$ **4,9 g/l**

code SAQ: 10839117

Conde de Haro Brut 2012
Cava, Muga, Espagne, 12,5 %

L'un des meilleurs cavas dégustés cette année. Nez expressif de levure, de flan au caramel, de poire cuite. En bouche, c'est joyeux, pas très puissant, mais assez long avec de belles saveurs qui persistent.

19,95 $ ★★½ - $$ 2 g/l
code SAQ: 12396794

Cuvée de L'Écusson Brut
Bernard-Massard, Luxembourg, 12 %

Du vin au Luxembourg ? Bien oui. Et c'est bon. Style très près des crémants de Bourgogne. Assemblage de chardonnay, de pinot blanc et de pinot noir avec une touche de riesling. Beau nez expressif, classique. Droit et nerveux en bouche avec une belle rondeur. À noter que le rosé du même domaine est aussi très bon.

20,65 $ ★★½ - $$ 12 g/l
code SAQ: 95158

Blanquette de Limoux
Domaine de Fourn, France

Honnête et festif, avec un supplément d'élégance qu'on distingue dans la bulle d'assez bonne finesse. Droit et crayeux tout en restant suffisamment suave. C'est sans fla-flas, plutôt sérieux, même. Un classique avec lequel on ne se trompe pas !

20,05 $
★★½ - $$
n.d.
code SAQ: 220400

Reserva Brut Cava
Segura Viudas, Espagne, 11,5 %

L'un des meilleurs rapports qualité-prix dans les mousseux à la SAQ. C'est rond et agréable. Rien de très complexe, mais c'est bien fait. On y sent des notes de pomme, une touche d'agrumes et de levure. En bouche, les bulles s'affolent un peu. C'est joyeux, même si ce n'est pas très long. À servir lorsque vous voulez faire un toast en apéro, en grand groupe, sans vous ruiner.

15,55 $ ★★ - $ ½   **9 g/l**   code SAQ: 158493

Brut Blanc de Blancs
J. P. Chenet, France, 11 %

De tous les vins de la gamme J. P. Chenet en vente à la SAQ, c'est encore cette année le plus intéressant. Évidemment, on ne cherche pas la finesse, mais plutôt un vin de bonne vivacité et d'expression correcte. Peut-être pas pour en boire une bouteille, mais certainement meilleur que bien d'autres trucs souvent atroces dans cette catégorie de prix.

13,75 $ ★★ - $ ½
45 g/l
code SAQ: 10540748

Crémant d'Alsace Brut 2013
Domaine Barmès Buecher, France, 13 %

Un crémant d'Alsace, composé surtout de pinot auxerrois et de pinot gris, avec une touche de chardonnay et de pinot blanc. Nez expressif de poire, de miel avec une pointe d'agrumes. Rond en bouche, il montre une belle acidité. Un peu facile.

26,35 $　　　★★ - $$ ½　　　**8 g/l**

code SAQ: 10985851

Santa Margherita Valdobbiadene Prosecco Superiore **Italie, 11,5 %**

Sans doute l'un des meilleurs proseccos actuellement sur les tablettes de la SAQ. C'est léger, d'assez bonne finesse, un peu rond, tout en montrant une tenue plus que respectable, en plus d'avoir un côté digeste. Le plan parfait pour l'apéro.

20,05 $　　　★★ - $$　　　**n.d.**

code SAQ: 12509154

Cuvée Expression 2014
Crémant de Limoux, Antech, France, 12 %

Composé en majeure partie de chardonnay, ce crémant du Limoux, dans le sud de la France, montre beaucoup de fraîcheur : un nez discret évoquant des notes de fleurs et d'agrumes. Des saveurs en bouche qui vont dans le même sens, avec une acidité bien sentie.

20,20 $　　　★★ - $$　　　**8,1 g/l**

code SAQ: 10666084

Nova 7 Rosé 2013
Benjamin Bridge, Nouvelle-Écosse, 7 %

À peine rosé, ce mousseux doux pourrait se faire passer pour un moscato d'Asti italien. Faible en alcool (d'où le nom) et à l'effervescence pas très fougueuse (il est d'ailleurs bouché avec une capsule à vis), ce petit vin néo-écossais nous surprend. Il sent bon la pêche avec de belles notes florales. Si vous voulez vraiment être soufflé par un mousseux canadien (élaboré par le Québécois Jean-Benoît Deslauriers), essayez le Benjamin Bridge Brut Réserve. C'est plus cher (près de 70 $), mais on se rapproche pas mal du champagne.

25 $ ★★ - $$ ½   **57 g/l**

code SAQ: 12133986

Selección Raventós Brut
Cava, Codorniu, Espagne

Cette cuvée rappelle les liens entre deux grandes familles espagnoles du cava, en Espagne, Raventos et Codorniu. Qualité toujours aussi irréprochable. Nez facile révélant des notes de fleur d'oranger. Ample, presque gras, un peu expansif. Finale de longueur moyenne, sensation minérale et de pommette, acidité un peu exacerbée en finale.

17,40 $ ★★ - $$ **n.d.**

code SAQ: 12206671

LES 20 MEILLEURS CHAMPAGNES

(PATRICK DÉSY)

On trouve à la SAQ plus de 200 références uniquement au répertoire des champagnes. Notre bon vieux monopole a finalement ouvert ses tablettes à des champagnes sous les 50 $.

L'ennui, c'est que la qualité de ces derniers n'est pas toujours au rendez-vous. Mais bon, vous avez le nom « Champagne » sur la bouteille. Et pour bien des gens, ça vaut plus que tout. Bref, il faut souvent payer assez cher pour avoir du plaisir dans son verre ou alors se tourner vers le mousseux. Qu'à cela ne tienne, c'est encore en Champagne que l'on fait les plus grands vins effervescents du monde. Voici, selon nous, les 20 meilleurs champagnes disponibles à la SAQ.

Premier Cru Brut
Gardet Champagne, France, 12 %

Parmi les champagnes les moins chers, mais pas nécessairement le moins bon. Nez charmeur et de complexité enviable. C'est gras, riche, assez dosé, mais avec une finale nerveuse qui rend l'ensemble équilibré et agréable. On trouve de meilleurs mousseux à prix plus bas, mais si on tient mordicus à avoir « Champagne » sur la bouteille, c'est un choix avisé.

43,25 $ ★★★ - $$$$ 11 g/l

code SAQ: 12398600

Blanc de Blancs
Paul Goerg, Champagne, France, 12 %

Un grand classique de la SAQ. Nez à l'anglaise, brioché, avec des notes d'humus, voire de champignon et un arrière-plan de fruits blancs. Bouche dense, un poil rustique, mais de bonne constitution. Se tire bien d'affaire.

45,75 $ ★★★ - $$$$ ½   11 g/l

code SAQ: 11766597

Horizon Blanc de Blancs
Pascal Doquet, Champagne, France, 12,5 %

Longtemps vendu sous les 50 $, son prix a malheureusement connu de l'enflure. Une cuvée toujours bien réussie, quoique le vin nous ait semblé moins exubérant et moins précis que l'an dernier. On y retrouve néanmoins cette finesse de bouche, de crème et d'austérité fine que l'on cherche dans les grands champagnes. Vigneron indépendant. Production bio.

55 $ ★★★ - $$$$ ½   7 g/l

code SAQ: 11528046

Grand Cru Rosé

Lallier, Champagne, France, 12,5 %

Le rosé de la maison Lallier sort nettement du lot et figure probablement dans les meilleurs choix sous les 50 $. Parfums aguicheurs de petits fruits, de cerise et de genièvre. C'est plutôt bien tourné et facile à boire. Finale élégante et de bonne persistance. Équilibré et digeste.

49,75 $ ★★★ ½ - $$$$ ½   **9,6 g/l**

code SAQ: 12560881

Premier Cru Cuis Blanc de Blancs

Pierre Gimonnet, Champagne, France, 12,5 %

Bonne intensité des parfums au nez. C'est frais tout en montrant un petit côté brioché. Notes de fruits blancs et d'iode qui complètent. Souple en bouche, matière soyeuse pourvue d'une acidité fine. Finale soutenue et des plus digestes tout en restant bien sèche. Une belle bouteille. *Difficile à trouver*

57,25 $ ★★★ ½ - $$$$ ½   **7 g/l**

code SAQ: 11553209

Pol Roger Brut

Champagne, France, 12 %

Chaque année, il se démarque. À l'aveugle, nous le classons constamment dans nos bulles préférées toutes catégories confondues. L'archétype du champagne festif et élégant. C'est finement vineux avec, en même temps, ce caractère aérien et de la pureté dans les parfums. L'une des grandes marques à être restée stable côté prix. Bravo !

61,50 $ ★★★★ - $$$$$ **n.d.**

code SAQ: 51953

Brut Réserve
Billecart-Salmon, Champagne, France, 12 %

Un de nos coups de cœur ! Un champagne tout en finesse et délicatesse. Une bulle énergique donnant une mousse abondante. Des notes de craie, de poire et de lait d'amande. En bouche, on a l'impression d'un vin aérien tout en restant tonique. C'est précis et ça grimpe en complexité. Pop !

60,25 $ ★★★★ - $$$$$ **12 g/l**

code SAQ: 10653347

Majeur Rosé
Ayala, Champagne, France, 12 %

Joli nez, des parfums bien ouverts. Une attaque fine et tendre du côté du fruit, belle finesse dans la bulle, long, sans être le plus concentré, ni le plus complexe. Bonne persistance en finale, surtout structurelle. Extrêmement bien fait. À son meilleur à table.

61,50 $ ★★★½ - $$$$$ **n.d.**

code SAQ: 11674529

Spécial Cuvée Brut
Bollinger, Champagne, France, 12,5 %

Le champagne fétiche de James Bond ! Bollinger représente probablement le meilleur exemple du champagne classique à l'anglaise : des notes de brioche, de praline et de fruits blancs mûrs. Une bouche vineuse, jamais puissante, toujours en retenue, ce qui lui confère un charme et une signature souvent facilement identifiable.

76,25 $ ★★★★ - $$$$$ **n.d.**

code SAQ: 384529

Extra-Brut 2002

Fleury, Champagne, France, 12 %

Une race qui s'impose. On est tout de suite interpellé par la finesse et la vivacité des bulles. Rancio noble servant de toile de fond à des tonalités d'abricot grillé, de craie et de miel. De la dentelle en bouche avec une fine vivacité. Attention, nous avons entendu dire qu'il y avait des variations sur la qualité des bouteilles. N'hésitez pas à la retourner. Les deux bouteilles dégustées étaient d'une fraîcheur impeccable, rendant le vin encore plus jouissif. Une ode à la beauté et à l'authenticité. Un superbe vin qui pourra se développer encore de belles années en cave. *Difficile à trouver*

73,75 $ ★★★★½ - $$$$$ 12 g/l

code SAQ: 11856138

Brut Laurent-Perrier

Champagne, France, 12 %

Un autre de mes coups de cœur chaque année. C'est la version plus *soft* du Pol Roger, les deux étant les champagnes que j'achète le plus souvent. On trouve des notes de fruits blancs, de jasmin, de tilleul et un arrière-plan crayeux. Un vin toujours caressant et généreux par son dosage élevé pour un brut, mais qui conserve une fraîcheur impeccable et se démarque par son élégance. Mention spéciale au rosé de la même maison, toujours aussi racé et élégant.

62,75 $ ★★★★ - $$$$$ 12 g/l

code SAQ: 340679

Blanc de Blancs Brut
Henriot, Champagne, France, 12 %

Une grande maison champenoise connue pour son style traditionnel. Nez immédiatement racé, élégant et minéral avec un léger rancio qui donne du panache. Riche, concentré, tout en devenant aérien et en culminant sur des notes complexes de grillé, de noisette et d'abricot. Un champagne de caractère qui fera des merveilles à table.

78,75 $ ★★★★ – $$$$$ n.d.

code SAQ: 10796946

Prélude Grands Crus
Taittinger, Champagne, France, 12,5 %

Possiblement la meilleure cuvée de cette maison champenoise. C'est à la fois racé, festif et facile d'approche. Une bulle énergique et fine. Des parfums de fleur, de pêche avec un léger grillé ou rancio noble. Assez vineux et droit à l'attaque, il gagne en volume et en précision. Finale soutenue, elle aussi un peu ronde.

79,50 $ ★★★★ – $$$$$ 11 g/l

code SAQ: 11787283

Brut Ruinart, Champagne, France, 12 %

L'une de nos marques préférées. Un style délicat, précis, avec une prise de mousse soyeuse. Des tonalités complexes de craie, de papaye, d'abricot et de pain finement brioché. Un vin au profil féminin qui se laisse boire dangereusement bien. Cher, mais c'est un concentré de bonheur à chaque gorgée.

80 $ ★★★★ – $$$$$ 12 g/l

code SAQ: 10326004

Brut Nature 2006

Roederer et Starck, Champagne, France, 12 %

Une superbe bouteille, très peu dosée. On devine une profondeur certaine dans ce vin à la fois dense, plein, vineux et d'une élégance remarquable. Complexe avec des parfums de miel, de violette, de cerise, d'abricot, de crème anglaise et un fond brioché. Acidité fine, mousse caressante et finale qui s'étire longuement sur des notes légèrement amères. Du grand art. *Difficile à trouver*

104 $**   ★★★★ - **$$$$ **1,4 g/l**

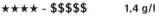

code SAQ: 12641850

Brut 2006

Dom Pérignon, Champagne, France, 12,5 %

DomPé rime encore aujourd'hui avec luxe et raffinement. Un 2006 plus souple et plus rond que le 2005 qui affichait une richesse contenue et une acidité plus ferme. Parfums précis qui gagnent en complexité : poire en sirop, cacao, croissant et pomme golden. Bouche somptueuse, détaillée, lumineuse et finement tendue. Longue finale gagnant en complexité et en précision. Potentiel de garde intéressant.

250 $
★★★★ ½ - **$$$$**
6,8 g/l

code SAQ: 280461

Amour de Deutz 2006
Deutz, Champagne, France, 12 %

C'est probablement le champagne le plus féminin disponible à la SAQ. Fait à 100 % de chardonnay, il offre une myriade de parfums plus envoûtants les uns que les autres. C'est onctueux, tout en restant tendu. Cette impression divine d'avoir du poids même si cela reste aérien, précis et délicat. Superbe longueur sur de fines notes d'amandes et d'abricot. Une grande bouteille à ouvrir en amoureux.

230 $ ★★★★½ - $$$$$ **n.d.**

code SAQ: 12034486

La Grande Dame 2006
Veuve Clicquot, Champagne, France, 12,5 %

Malgré son nom bien féminin en honneur à Madame Clicquot, le vin contient une proportion plus importante de pinot noir que de chardonnay (64 % contre 36 %), ce qui lui donne un caractère vineux surprenant. Un 2006 au nez toujours très aguicheur de croissant, de nougat, de tilleul et de miel. Aspect compact, texture riche, devenant aérienne, sur des notes d'agrumes, tout en gardant une acidité relevée, fine et porteuse d'arômes.

269,75 $ ★★★★½ - $$$$$ **7,4 g/l**

code SAQ: 354779

Grande Cuvée Brut
Krug, Champagne, France, 12 %

Si vous avez un grand champagne à boire dans votre vie, c'est celui-ci. Un nez toujours somptueux et une caresse en bouche inimitable. L'art du grand champagne à son meilleur. Bien sec et finement oxydatif, il a une allure princière. Comme avec Yquem, il est à peu près impossible de ne pas être renversé, touché et marqué à jamais par sa première expérience avec Krug.

290,25 $**　　★★★★ ½ - **$$$$$　　6,7 g/l

code SAQ: 11334794

Cristal 2007
Louis Roederer, Champagne, France, 12 %

Le summum du champagne de garde. Au-delà des modes qui forcent les producteurs à faire des vins immédiatement accessibles, la maison Roederer poursuit sur sa lancée en présentant un vin serré, profond et difficile à sonder en jeunesse. Il lui faut du temps, au moins une dizaine d'années, pour qu'il commence à se révéler pleinement. Et là, c'est le nirvana champenois. Du calcaire et du citron frais, on passe à des notes de fumée, de truffe et de fleur fanée. Un vin pour passionné doté de patience.

295 $**　　★★★★ ½ - **$$$$$　　11 g/l

code SAQ: 268755

LES 20 MEILLEURS

ROSÉS

DU MILLÉSIME

2015

(MATHIEU TURBIDE ET PATRICK DÉSY)

Château La Lieue 2015
Coteaux Varois en Provence, France, 13,5 %

Une réussite à nouveau cette année. Le vin sort du lot avec ses parfums bien expressifs et nuancés de fleurs, de melon et de pêche blanche. Texture nourrie et soyeuse. Du volume, de la fraîcheur et une bonne persistance en finale. Du beau glouglou ! C'est bio en plus.

17,30 $**   ★★★½ - **$$ 1,3 g/l

code SAQ: 11687021

Château de Nages 2015
Costières de Nîmes, Gassier, France, 13,5 %

L'un des meilleurs de l'année. À ne pas confondre avec le Buti Nages, du même producteur. Complexe, avec des notes d'agrumes, de nectarine et de vanille. En bouche, c'est sérieux, le vin en offre beaucoup et il est long, tout en équilibre.

19,95 $**   ★★★½ - **$$ 1,3 g/l

code SAQ: 12521461

Pétale de Rose 2015
Côtes de Provence, Château Tour de L'Évêque, France, 13,5 %

D'une délicate couleur pêche, il offre un bouquet aromatique intense, surtout floral, qui se développe sur de fines notes fruitées. En bouche, c'est à la fois minéral et fruité, fin, droit et long.

21,65 $**   ★★★½ - **$$ 2 g/l

code SAQ: 425496

Château de Miraval 2015
Côtes de Provence, France, 13 %

Très joli rosé, fin, frais, avec du fruit et de la finesse. Matière soyeuse et ciselée, presque racée. Bonne persistance en finale. C'est peut-être le vin de Brad Pitt et d'Angelina Jolie, mais la famille Perrin de Beaucastel est derrière eux, et ça paraît ! Au rang des meilleurs rosés cette année.

25,05 $ ★★★½ - $$ ½   **1,4 g/l**

code SAQ: 12296988

Carrelot des Amants 2015
Vignerons du Brulhois-Donzac, Côtes du Brulhois, France, 12,5 %

Bonne intensité des parfums avec des notes d'agrumes et de fleurs. C'est charmeur, bien équilibré, précis et d'une acidité fine. Assez persistant en finale sur des notes de craie. L'une des très belles surprises cette année !

13,65 $ ★★ - $ ½   **1,3 g/l**

code SAQ: 620682

Rosa dei Masi 2015
Delle Venezie, Masi, Italie, 12,5 %

Un autre joli rosé qui sent bon le coulis de fraise, la cerise, la fleur et une pointe épicée. C'est souple, franc avec une bonne tenue. On aimerait plus de prestance, mais l'ensemble est digeste et donne envie d'en boire un autre verre. Fort bon.

17 $ ★★ - $ ½   **n.d.**

code SAQ: 12844913

Willm Pinot Noir 2015
Alsace, France, 12 %

Bien parfumé avec des tonalités de zeste d'orange, de résine sur fond de fruits rouges et d'épices. C'est frais, un peu rond tout en restant gouleyant, avec une impression de jus de fraise. Ça nous change du style provençal un peu trop répandu aujourd'hui. Belle découverte !

18,10 $ ★★ - $$ **2,2 g/l**

code SAQ: 12521401

Domaine Jacourette 2015
Côtes de Provence, Sainte-Victoire, France, 13,5 %

Un rosé tout en nuances, fin et élégant avec un côté croquant dans le fruit. C'est légèrement salin avec des parfums de fleurs blanches, de poire et d'abricot. Du très joli travail. Parmi les meilleurs à la SAQ.

19,30 $ ★★ - $$ **3,5 g/l**

code SAQ: 12887294

Galil Mountain Rosé 2014
Haute-Galilée, Israël, 12,5 %

Un rosé surprenant, venu d'Israël. Belle couleur qui laisse croire à un rosé provençal. Fin au nez avec des notes fruitées de framboise et de fraise, une touche florale aussi. Idem en bouche. Beau vin.

20 $ ★★ - $$ **1,9 g/l**

code SAQ: 12473032

Les Béatines 2015
Coteaux d'Aix-en-Provence, Domaine des Béates, France, 13 %

Très beau rosé provençal du domaine des Béates (essayez le rouge aussi !). Nez fin et complexe d'agrumes, de fleurs de tilleul. En bouche, c'est fin aussi, avec une belle acidité, une bonne longueur qui culmine sur des notes fruitées plaisantes.

20,65 $**   ★★ - **$$ 2,1 g/l

code SAQ: 11232261

Whispering Angel 2015
Côtes de Provence, Château d'Esclans, France, 13,5 %

Un autre coup de cœur ! Un rosé délicat, soyeux, subtil et d'une élégance provençale qui commande le respect. Finement parfumé avec des tonalités de fleur, de pêche et d'abricot. C'est ample et concis à la fois. Long et élégant en finale. Impossible de ne pas succomber. Cher, mais la qualité est au rendez-vous.

25,50 $**   ★★ - **$$ ½   1,4 g/l

code SAQ: 11416984

La Moussière 2015
Sancerre, Alphonse Mellot, France, 13 %

Le blanc est un grand classique à Sancerre comme à la SAQ. Le rosé qui porte le même nom affiche cette même élégance tant sur le plan des parfums que de la texture. On aurait souhaité un peu plus de définition et de complexité, moins de rondeur et un prix plus sage. En fin de compte, ça reste très bon.

25,60 $**   ★★ - **$$ ½   2,7 g/l

code SAQ: 12690694

La Dame Rousse 2015

Tavel, Domaine de la Mordorée, France, 14 %

Les vins de Tavel ne sont pas toujours des rosés faciles. Ce sont des vins de table. Celui-ci se laisse désirer au départ, puis s'ouvre en beauté et en puissance. Notes de sucre d'orge, de fraise, de cassis même. En bouche, il y a de la texture, du fruit et des épices en finale. Idéal pour les viandes blanches sur le BBQ.

27,15 $ ★★ - $$$ **1,9 g/l**

code SAQ: 12376881

Coto de Hayas 2015

Campo de Borja, Bodegas Aragonesas, Espagne, 13,5 %

Joli nez, nuancé, avec des notes florales. Belles saveurs en bouche avec un peu de sucre résiduel, mais bien intégré à l'ensemble et l'acidité qui tient le tout en équilibre. Un peu capiteux en finale. Dans le style un peu rond, c'est fort bien fait.

11,90 $ ★★½ - $ **2,1 g/l**

code SAQ: 12699701

Rosado Seleccion 2015

Campo de Borja, Borsao, Espagne, 13,5 %

Dans la foulée du très réussi 2014, la version 2015 affiche un fruité bien expressif, bien mûr, quoiqu'un peu simple avec des notes de jujubes et d'épices douces. C'est juteux, frais et bien tourné. Prix encore déroutant étant donné la qualité. Un incontournable.

13,20 $ ★★ - $ ½   **1,8 g/l**

code SAQ: 10754201

Buti Nages 2015

Costières de Nîmes, Michel Gassier, France, 13,5 %

À nouveau cette année, les rosés de Michel Gassier (Château de Nages) font belle figure. Ici, son entrée de gamme exprime très bien ce que devrait être un rosé : léger, facile, nourri, croquant tout en restant bien sec. En plus, c'est à petit prix. Bravo !

15,95 $ ★★½ - $ ½   **1,9 g/l**

code SAQ: 427625

Planeta Rosato 2015

Sicile, Italie, 12,5 %

Une belle surprise que ce rosé sicilien. Bien aromatique avec des notes aguichantes de fleur et de fraise. Belle vivacité en bouche avec une matière de bonne ampleur. Ensemble gouleyant et fort réussi. Bon prix. À ne pas manquer !

16,95 $ ★★½ - $ ½   **1,4 g/l**

code SAQ: 12818361

Château de Lancyre Rosé 2015

Pic-Saint-Loup, Durant et Valentin, France, 13,5 %

Assemblage de syrah, grenache et cinsault. Couleur pêche pâle. Nez floral, avec des notes de fraise. En bouche, c'est généreux, ensoleillé, avec peut-être un léger manque d'acidité. Mais c'est agréable.

17,45 $ ★★½ - $$ **1,9 g/l**

code SAQ: 10263841

Grand Sud Merlot 2015

Pays d'Oc, Grands Chais de France, France, 12,5 %

Vendu en grosse bouteille d'un litre, ce rosé de merlot « fait le travail ». Beaucoup de fruits rouges, tant au nez qu'en bouche. Pas le plus raffiné, mais c'est équilibré et bien fait.

13,55 $　　　　★ - $ ½　　　　**5,5 g/l**

code SAQ: 11685973

Beso de Vino 2015

Édition spéciale BBQ, Carinena, Espagne, 13 %

Belle couleur rouge clair. Nez de fruits frais, framboises, avec une note de barbe à papa. En bouche, c'est un peu perlant (ça picote la langue) et d'un beau fruité. C'est amusant. Seul reproche : ça manque un peu de volume.

14,75 $　　　　★ - $ ½　　　　**1,8 g/l**

code SAQ: 12841253

LES **75** MEILLEURS

VINS
À MOINS
DE 15 $

(MATHIEU TURBIDE, PATRICK DÉSY ET ÉLYSE LAMBERT)

LES CLASSIQUES - ROUGE

Bagatelle 2014
Saint-Chinian, Clos Bagatelle, 13,5 %

Un domaine dont les vins sont depuis longtemps représentés au Québec. Et c'est tant mieux puisque la qualité est presque toujours au rendez-vous. C'est plus que jamais le cas avec le millésime 2014. Composé majoritairement de syrah et complété par le grenache et le carignan, c'est un rouge bourré de soleil avec des notes de violette et de cassis mûr. Une bouche juteuse au fruit généreux, des tanins soyeux et une finale énergique.

13,95 $ ★★ - $ ½   **1,5 g/l**

code SAQ: 12824998

La Vieille Ferme 2015
Perrin, Côtes du Ventoux, France, 13,5 %

Meilleur que jamais en 2015, ce petit rouge provenant du négoce de la famille Perrin (Château de Beaucastel à Châteauneuf-du-Pape) reste marqué par le grenache et complété par la syrah, le mourvèdre et le cinsault. Un rouge généreux, franc, presque tendre et dont l'expression fruitée rivalise avec des vins vendus nettement plus chers. À nouveau dans le peloton de tête des vins à moins de 15 $ qu'on trouve à la SAQ.

14,95 $ ★★ ½ - $ ½   **2,2 g/l**

code SAQ: 263640

Rapsani 2014 Tsantali, Grèce, 13,5 %

Sans doute l'un des rouges les plus emblématiques de Grèce. L'un des moins chers aussi. Juchées sur les bords du vénérable mont Olympe, les vignes de xinomavro, de krassato et de stravroto sont complantées pêle-mêle. C'est généreux, rustique, jamais puissant ni agressant, simple et savoureux. Rapport qualité-prix-plaisir difficile à battre !

13,15 $ ★★ - $ ½   **1,9 g/l**

code SAQ: 590836

Grande Réserve Des Challières 2015
Côtes du Ventoux, Bonpas, France, 14 %

Ce petit vin du Rhône est devenu un classique au registre des vins à petit prix. Le 2014 est toujours aussi généreux, bien net et savoureux. Fruits rouges, fumée, fleur mauve, épices. Un vin facile, digeste et agréable en toutes occasions.

13,35 $ ★★ - $ ½   **2 g/l**

code SAQ: 331090

Vieilles Vignes 2015
Château Cazal Viel, Saint-Chinian, France, 13,5 %

Produit d'un domaine dont la qualité déçoit rarement, on devine facilement les origines sudistes de ce vin de par ses notes de menthol, d'eucalyptus, de garrigue et de fruits noirs. C'est ample, charnu, avec du volume, de la rusticité dans les tanins, une longueur moyenne à bonne et de la clarté dans les parfums comme dans la bouche. Parmi les meilleurs.

13,95 $ ★★ ½ - $ ½   **3 g/l**

code SAQ: 202499

Château du Grand Caumont 2014
Louis Rigal, Corbières, France, 14 %

Tout aussi délicieux que les millésimes précédents, le Grand Caumont est une référence incontournable comme vin sous les 15 $. Des parfums accrocheurs de baie, de poivre, de bois grillé et de violette. C'est toujours aussi puissant, légèrement capiteux, avec des tanins fermes, mais ça reste réjouissant et bien vinifié.

14,05 $ ★★★ - $ ½   **n.d.**

code SAQ: 316620

Hécula 2014
Bonpas, Castaño, Yecla, Espagne, 14 %

Rien à redire sur ce petit rouge espagnol à base de monastrell (qu'on appelle le mourvèdre en France). C'est riche, d'assez bonne intensité, frais tout en étant plutôt corsé, mais le bois apporte une belle patine au vin. Tonalités de cassis, de prune et de gâteau chaud.

14,05 $ ★★ - $ ½   **2,7 g/l**

code SAQ: 11676671

Duque de Viseu 2014
Sogrape Vinhos, Dâo, Portugal, 12,5 %

Du Portugal vient un de nos préférés, année après année. La version 2014 actuellement disponible à la SAQ est de nouveau une réussite. Moyennement corsé tout en restant souple, il montre une bonne chair et offre des parfums de réglisse, de vanille et de café froid. Ça descend toujours aussi bien !

14,95 $ ★★ ½ - $ ½   **1,7 g/l**

code SAQ: 546309

Chatons du Cèdre 2014
Cahors, France, 13,5 %

Les frères Pascal et Jean-Marc Verhaeghe marquent à nouveau un bon coup avec ce Chatons du Cèdre 2014 fort réussi. Un petit cahors bien construit autour d'un fruit généreux, des tanins souples, une franche acidité et une allonge en finale plus que respectable. On en fait facilement son vin de semaine après avoir pris soin de le rafraîchir autour de 15 degrés.

14,70 $ ★★ - $ ½   **n.d.**

code SAQ: 560722

Les Jardins de Meyrac 2015
Château Capendu, Pays d'Oc, France, 13 %

Ce petit vin rouge a été l'un des chouchous de notre Méchant Raisin honoraire, Claude Langlois. Non sans raison ! La version 2015 qui vient de débarquer sur les tablettes de la SAQ est à nouveau une belle réussite, quoique de facture un peu plus « chaude » que les précédents millésimes. Effet millésime ? Au nez, on devine des épices douces et de la prune. La bouche affiche une matière un peu rondelette, des tanins souples, mais suffisamment d'acidité pour maintenir le tout en équilibre. C'est évidemment simple, mais agréable et, surtout, pas cher du tout ! À servir un peu frais (14 degrés) avec des burgers garnis.

11,35 $ ★★ - $ **5,9 g/l**

code SAQ: 12167246

Altano 2012
Symington, Douro, Portugal, 13,5 %

Coup de cœur bien senti encore cette année pour ce rouge portugais costaud, bien coloré, qui nous offre des arômes de réglisse, d'épices et de fruits noirs. En bouche, c'est généreux et plein. On en a pour son argent.

12,95 $ ★★ - $ ½   2,8 g/l

code SAQ: 579862

Cuvée Prestige 2014
Domaine de Gournier, Gard, Les Cévennes, France, 13 %

Une syrah du Sud, coupée d'un peu de merlot. Le résultat est, encore cette année, irréprochable. C'est un vin au fruité de cerises, avec des accents d'épices douces et de réglisse.

14,25 $ ★★ - $ ½   2,6 g/l

code SAQ: 11769616

Château La Lieue 2015
Coteaux Varois en Provence, France, 13 %

Le Château La Lieue, de la famille Vial, est l'un des rares domaines dont toutes les cuvées (rouge, blanc, rosé) nous charment. Ce rouge de Provence nous a semblé encore meilleur que le 2013. Il regorge de fruits mûrs et de notes de garrigue (ce parfum d'herbes de la campagne provençale). Le prix a un peu monté cette année, mais il reste sous les 15 $.

14,95 $ ★★ ½ - $ ½   2,1 g/l

code SAQ: 605287

Septima Malbec 2013
Mendoza, Codorniu, Argentine, 14 %

Un malbec argentin classique, au nez assez intense de tarte aux bleuets, de pruneaux séchés. En bouche, il est costaud, dense, avec une certaine fermeté. Idéal pour les pièces de bœuf saignantes, cuites sur le gril.

13,95 $ ★★ - $ ½ **2,6 g/l**

code SAQ: 12207252

Château de Gourgazaud 2015
Minervois, France, 13,5 %

Ce Gourgazaud 2014 frappe un grand coup! Après l'avoir dégusté à l'aveugle (sans connaître la provenance ou le prix du vin), nous sommes tombés de notre chaise tellement c'est bon! Et pas cher! Bonne intensité. Des tonalités de framboise, de café et de réglisse. C'est joufflu, légèrement corsé et frais. Simple, mais équilibré et, surtout, d'une grande buvabilité.

13,90 $ ★★ ½ - $ ½ **2,4 g/l**

code SAQ: 22384

Hoya De Cadenas 2012,
Reserva Tempranillo Vicente Gandia Pia,
Utiel-Requena, Espagne, 13,5 %

Un beau vin souple et fruité avec de la vivacité et une texture soyeuse, arrondie par le côté vanillé du chêne. Pas très long en bouche, mais agréable. Un bon vin de tous les jours.

12,95 $ ★ ½ - $ ½ **1,6 g/l**

code SAQ: 978387

LES CLASSIQUES - BLANC

Catarratto Chardonnay 2015
Rapitala, Terre Siciliane, Italie, 13 %

Blanc sicilien qui ne manque pas d'originalité. Majoritairement issu de catarratto, cépage typique de l'île, il offre un nez un peu déroutant avec des notes de résine, de pomme verte, d'abricot et d'agrume. L'acidité peut paraître mordante en attaque, mais le vin a suffisamment de gras pour rester harmonieux.

14,50 $ ★ ½ - $ ½   2,3 g/l

code SAQ: 613208

La Vieille Ferme 2015
Famille Perrin, Lubéron, France, 13 %

La famille Perrin, à qui l'on doit le célèbre châteauneuf-du-pape du Château de Beaucastel, se dépasse à nouveau avec ce petit blanc absolument irréprochable. C'est bien parfumé tout en restant simple et efficace. Tonalités de fleur de pommier, de pêche blanche et de miel. Bouche bien construite, fruit tendre, acidité basse, mais fine, beaucoup de franchise et d'harmonie. Ça se laisse boire tout seul. Difficile de trouver mieux sous 15 $.

14,95 $ ★★ ½ - $ ½   1,2 g/l

code SAQ: 298505

Viña Sol 2014
Torres, Catalunya, Espagne, 11,5 %

La qualité de ce vin vendu depuis des lustres au Québec a toujours été au rendez-vous et le prix est demeuré très sage. La version 2014, avec son joli nez ouvert sur les fruits à chair blanche et jaune (pomme, poire, ananas) et cette belle acidité qui en assure la fraîcheur et lui donne du croquant, est du pur bonheur à petit prix. Servir très frais (8-10 °C).

12,95 $ ★★ - $ ½   **3,5 g/l**

code SAQ: 28035

Chardonnay 2015
Réserve Maison Nicolas, Domaines Virginie, Pays d'Oc, France, 12,5 %

Un grand classique qui, année après année, continue d'être plus que satisfaisant. La version 2015 affiche un fruit tendre, rond, tout en ayant une franche acidité qui apporte de la tenue. Impeccable !

13,65 $ ★★ - $ ½   **1,9 g/l**

code SAQ: 577122

S. de La Sablette 2015
Marcel Martin, France, 12 %

Du sauvignon simple, frais, efficace, croquant, avec une touche perlante en attaque qui se dissipe à l'aération. C'est mûr, bien équilibré, pas trafiqué et ça se boit tout seul ! Impressionnant pour le prix. Le parfait petit blanc d'été ! Servir bien frais (6-8 degrés).

11,65 $ ★★ - $ **3,8 g/l**

code SAQ: 12525234

Albis 2014
José Maria da Fonseca, Péninsule de Sétubal, Portugal, 12 %

Le « petit » Albis de J. M. Fonseca a su s'imposer avec le temps comme un incontournable
au registre des bons blancs à petit prix et
le 2014 le prouve à nouveau. Des parfums
simples et efficaces de fruits blancs, d'amande
et de melon chatouillent le nez. Toujours un
peu perlant en ouverture, il faut lui donner un
peu d'air pour que le tout rentre dans l'ordre.
C'est léger, frais, presque vibrant, un peu court
en bouche, mais merveilleusement digeste,
surtout avec les poissons et autres fruits de
mer.

12,95 $ ★★ - $ ½   2,6 g/l

code SAQ: 319905

Chaminé 2014
Alentejo, Cortes de Cima, Portugal, 12,5 %

Un vin blanc qui, par son originalité et sa
qualité, figure parmi les meilleurs de ce
classement. Un assemblage qui varie chaque
année. Le 2014 est composé à parts égales
de viognier, de sauvignon blanc, de verdelho
et d'antao vaz. Fort expressif, précis, avec des
parfums de verveine, de trèfle et d'amande.
Un certain gras dans la matière, belle droiture
et une amertume en finale qui apporte de la
personnalité. Bravo !

14,05 $ ★★ ½ - $ ½   n.d.

code SAQ: 11156238

Les Jardins de Meyrac 2015
Pays d'Oc, Château Capendu, France, 12,5 %

Un assemblage de sauvignon et de chardonnay sans prétention qui offre à la fois
la fraîcheur du sauvignon et la rondeur du
chardonnay. Floral, avec une touche de citron.
Léger et digeste.

14,60 $ ★★ - $ ½   **2,4 g/l**

code SAQ: 637850

Chardonnay 2014
Trapiche, Mendoza, Argentine, 13,5 %

Voici un chardonnay du Nouveau Monde,
qui n'essaie pas d'être autre chose : c'est
intense, avec des arômes de poires vanillées
et d'ananas, riche en bouche, presque gras.
Un chardonnay comme on en voit beaucoup,
mais qui plaira aux amateurs du style.

12,55 $ ★ ½ - $ ½   **4,4 g/l**

code SAQ: 588004

Gros Manseng Sauvignon 2015
**Côtes de Gascogne, Alain Brumont, France,
12,5 %**

Un vin passe-partout, qui sent bon le pamplemousse, les fruits tropicaux, les fleurs
blanches et le miel. En bouche, c'est presque
demi-sec, mais tout à fait digeste.

13,80 $ ★★ - $ ½   **4,9 g/l**

code SAQ: 548883

Ormarine Les Pins de Camille 2013

Maison Jeanjean, Coteaux Du Languedoc, France, 13 %

Comme plusieurs vins dans cette catégorie de prix, il est un peu plus cher cette année, mais pas assez pour perdre sa place dans les meilleurs vins à moins de 15 $. C'est un vin chouchou des Méchants Raisins : rond, gras et vif à la fois (c'est rare), avec de beaux arômes floraux et fruités. On adore.

14,50 $
★★ ½ - $ ½
1,3 g/l

code SAQ:
266064

Domaine du Tariquet Classic 2015

Côtes de Gascogne, France, 10,5 %

C'est frais et vif, malgré une pointe de sucre qui arrondit le tout. De beaux arômes floraux et de pomme verte. C'est aussi léger, dans tous les sens : le Tariquet est l'un des rares vins français à afficher seulement 10,5 % d'alcool. Bon pour l'apéro ou sur des huîtres. Un coup de cœur encore cette année !

12,95 $
★★ - $ ½
5,1 g/l

code SAQ: 521518

LES NOUVEAUTÉS - ROUGE

Coto de Hayas Grenache Syrah 2013

Campo de Borja, Bodegas Aragonesas, Espagne, 13,5 %

Un petit rouge qui ne paye pas de mine, mais qui en met plein le verre ! Provenant d'une région espagnole qui nous a donné les petits trésors que sont les vins de la coopérative Borsao, voici un rouge joufflu et bien parfumé, peu corsé, mais de bonne stature et, surtout, doté d'une excellente buvabilité. Le bonheur à tout petit prix !

11,60 $ ★★ - $ 2,2 g/l

code SAQ: 12525111

Tannat Reserva 2013

Bodegas Carrau, Las Violetas, Uruguay, 13,5 %

On associe habituellement le tannat au madiran avec ses vins puissants et corsés. Celui-ci nous vient d'Uruguay et offre une agréable surprise dans le verre ! Bien parfumé. Tonalités de fleur, de fumée, de poudre à bonbon et d'herbe. Bouche bien construite, facile, nourrie avec des tanins arrondis et une acidité qui donne au vin une impression de légèreté. Franchement étonnant et parmi les meilleurs vins sous 15 $ dégustés cette année.

14,70 $ ★★ ½ - $ ½ 1,9 g/l

code SAQ: 10293847

De Gras Cabernet-Sauvignon Syrah 2015

Vina Montgras, Valle de Colchagua, Chili, 13 %

Si vous aimez les cabernets sauvignons du Nouveau Monde, goûteux et fruités, celui-ci, à prix tout doux, vous plaira. Arômes puissants de cassis, de cacao, de poivre, d'eucalyptus, avec des notes boisées rappelant le caramel et la vanille. Ce n'est pas un grand vin, loin de là, mais dans ce style, c'est très bien fait.

11,60 $
★★ - **$**
3,7 g/l

code SAQ:
12698346

Syrah 2015

Bodegas Carrau, Cusumano, Sicile, Italie, 14 %

Encore dans le millésime 2015, cette syrah juteuse vise dans le mille. Fruité éclatant de cerises confites et d'olives noires avec des notes florales intéressantes. Pas du tout boisé et avec une acidité rafraîchissante. Idéal en apéro ou avec un filet de porc grillé.

14,75 $
★★ - **$** ½
2,7 g/l

code SAQ:
10960777

Réserve Saint-Martin Merlot 2015

IGP Pays d'Oc, Les vignerons de la Méditerranée, France, 14 %

Un beau merlot classique avec des arômes de mûres et de bleuets très mûrs. C'est lisse et coulant en bouche, sans grande vivacité, on sent l'acidité en retrait. C'est mûr et agréable. À servir frais.

10,45 $ ★ ½ - $ **4,6 g/l**

code SAQ: 12477914

Nari 2012

Terre Siciliane IGT, Firriato, Italie, 13,5 %

Un assemblage de nero d'avola et de petit verdot. C'est simple et efficace, avec du beau fruit confituré, de la vanille, le tout encadré par une structure tannique qui ajoute juste ce qu'il faut de sérieux. Vraiment pas cher.

10,95 $ ★ ½ - $ **2,7 g/l**

code SAQ: 11905809

Monte del Fra 2013

Bardolino, Italie, 12,5 %

Un rouge de Vénétie, à majorité de corvina, qui rappelle donc les valpolicellas de la même région, en particulier les ripassos, en raison de son côté riche et concentré, qui le distingue des simples « valpos ». Beau fruité concentré agrémenté de notes de tabac et d'herbes séchées. Un vin qui a beaucoup de style pour le prix.

14,60 $ ★★ - $ ½   **5,8 g/l**

code SAQ: 12383109

LES NOUVEAUTÉS - BLANC

Vale da Judia 2015
Coop. Agricola de Santo Isidro de Pegõe, Terras Do Sado, Portugal, 12 %

Cette coopérative portugaise située non loin de Lisbonne produit des vins dont la qualité reste étonnante. Toujours aussi sec, ce vin issu de moscatel (le muscat en français) sent bon la fleur blanche et le jasmin. On trouve également des notes de fruits, avec un rien de sapinage qui fait penser au torrontés d'Argentine. La bouche est impeccablement fraîche et digeste.

11,30 $ ★★ – $ **2,1 g/l**

code SAQ: 10513184

Pinot Grigio 2015
Montalto, Terre Siciliane, Italie, 12 %

Le pinot grigio est parmi les cépages donnant les vins les plus insipides. De tous ceux que nous avons dégustés cette année, c'est probablement celui qui tient le mieux la route. Ça reste tout de même archi simple et sans aucune forme de personnalité, mais c'est correctement fait, rafraîchissant et surtout pas cher. Bref, si vous êtes du genre pinot grigio (à ne pas confondre avec les excellents pinots gris d'Alsace), c'est pour vous.

11,90 $ ★★ – $ **6,1 g/l**

code SAQ: 12477746

Les Vignes Retrouvées 2014
Saint-Mont, Producteurs Plaimont, France, 13 %

Un beau vin du sud-ouest de la France. Il dégage de beaux parfums d'agrumes, d'anis, de fleurs blanches, avec une belle rondeur en bouche et une finale aérienne. Simple, mais savoureux.

12,95 $ ★ ½ - $ ½   **3,8 g/l**

code SAQ: 10667319

Pyrène Cuvée Marine 2014
Côtes de Gascogne, Lionel Osmin, 12 %

Assemblage classique des côtes de Gascogne : sauvignon blanc, gros manseng et colombard. C'est un autre de ces vins blanc parfumés et aromatiques, qui ont le tour de nous réjouir (et de nous rafraîchir) après une journée de travail, quand il fait chaud. Léger et croquant en bouche.

13,95 $ ★★ - $ ½   **3,5 g/l**

code SAQ: 11253564

Angimbé 2014
Terre Siciliane, Cusumano, Italie, 13,5 %

Un beau petit vin de soleil, composé de 70 % d'inzolia, cépage sicilien, et de 30 % de chardonnay. Servi très frais, il vous ravira par ses arômes floraux et sa bouche ronde et suave. Parfait pour l'apéro.

14,75 $ ★ ½ - $ ½   **1,5 g/l**

code SAQ: 11097101

LES BULLES

Brut Blanc de Blancs
J. P. Chenet, France, 11 %

Qualité constante pour ce mousseux d'entrée de gamme. C'est simple, dosé légèrement et offrant des saveurs qui rappellent le miel et la pomme verte. Idéal pour faire des cocktails.

13,75 $ ★★ - $ ½   **45 g/l**
code SAQ: 10540748

À DÉCOUVRIR ROUGE

Coltibuono Cetamura 2014
La Badia, Chianti, Italie, 12,5 %

Belle pureté dans les parfums. Tonalités de fruits des champs, côté cola, médicament, verveine, fumée. En bouche, c'est frais, presque croquant, avec des notes de caramel et de fraise qui ponctuent la finale un tantinet rustique. Un vin passe-partout, léger, digeste et sans fla-flas.

15 $ ★★ ½ - $ ½   **2,3 g/l**
code SAQ : 12693916

Campobarro Tempranillo 2014
Coop. San Marcos, Ribera del Guadiana, Espagne, 13,5 %

Beaucoup de couleur. Bonne définition au nez avec des notes de confiture de fruits noirs, d'encens, de figue, de réglisse et de pruneau. Riche, plein, juteux, avec un côté velouté et des tanins assez arrondis. On trouve ici une impression d'authenticité et une buvabilité qui en font un vin fort agréable.

10,85 $ ★★ - $ **2,5 g/l**
code SAQ: 10357994

Tons 2013
Duorum Douro, Portugal, 13,5 %

Le Douro et, plus largement, le Portugal continuent d'être le pipeline des petits vins beaux, bons, pas chers ! Un assemblage classique dominé par le touriga franca et complété par le touriga nacional et le tinta roriz. Passablement généreux avec des tanins un peu rustiques, il conserve un côté flatteur et montre une belle digestibilité en finale. Surveillez le 2014 qui devrait bientôt prendre le relais.

14,95 $ ★★ ½ - $ ½   **3 g/l**   code SAQ: 12759840

Paranga 2013
Kir-Yianni, Macédoine, Grèce, 13,5 %

La Grèce est une mine de découvertes à petits prix ! Dominé par le xinomavro (50 %), cépage emblématique de la Naoussa, l'assemblage est complété par la syrah et le merlot. Ça donne un vin étonnant de par son profil aromatique qui passe de la *can* de tomate à la rose fanée, puis à des notes de raisin sec, de bleuet et de figue. Attaque ronde, presque riche. Ça demeure souple, assez énergique et lisse malgré des tanins légèrement rustiques. Longueur surprenante.

14,60 $ ★★ ½ – $ ½   **2,4 g/l**

code SAQ: 11097418

Cademusa Nero d'Avola Syrah 2015
Cantine Ermes, Terre Siciliane, Italie, 13 %

N'allez pas croire qu'il faut casser sa tirelire pour boire du vin bio. Du bon en plus ! De Sicile, ce petit nero d'avola saura vous surprendre par son fruité abondant, sa souplesse et son profil épicé en finale. Jamais pataud malgré ses 4 g de sucres résiduels. Prix dérisoire. Servir autour de 14-15 degrés.

11,55 $ ★★ – $ **4,4 g/l**

code SAQ: 12699509

Lovico Cabernet-Sauvignon Reserve 2012

Bulgarie, 13,5 %

On sait trop peu que la Bulgarie produit du vin. Il s'agit d'un historique viticole qui remonte loin dans le temps, mais qui s'est compliqué avec la fin du communisme en Europe de l'Est dans les années 1990. Si vous aimez les vins généreux, chaleureux, plutôt corsés, assez bien faits et pas chers du tout, c'est le bon plan. Le 2012 était épuisé au moment de mettre sous presse, alors surveillez l'arrivée du 2013.

11,85 $ ★★ - $ 2,8 g/l

code SAQ: 12773844

Beso de Vino Old Vine Garnacha Édition Coup de Cœur 2014

Grandes Vinos y Vinedos, Carinena, Espagne, 13,5 %

Ici, il faut aimer les vins souples, ronds et pas compliqués avec un peu de sucre résiduel. Auquel cas, vous devriez trouver votre bonheur dans ce petit rouge espagnol pas cher du tout. Flaveurs de fruits à noyau, de vieux tonneau de bourbon et de pâtisseries. On le passe environ 45 minutes au frigo avant de servir.

14,75 $ ★★ - $ ½   n.d.

code SAQ: 12799649

À DÉCOUVRIR - BLANC

Baron de Ley 2014
Rioja, Espagne, 12,5 %

Bien avant d'être reconnue pour ses rouges, la région de la Rioja était surtout populaire pour ses vins blancs. Celui-ci est à mille lieues de ce que l'on faisait dans le passé – des vins surtout oxydatifs –, mais préserve tout de même son identité. C'est le cas des parfums caressant de lys, de pamplemousse chaud et de craie avec, en arrière-plan, un fond grillé qui ajoute au plaisir. Dominé par le viura et complété par un peu de malvoisie, il en résulte un vin d'assez bonne définition, plutôt gras tout en possédant suffisamment de fraîcheur pour garder le tout en équilibre.

14,45 $ ★★ - $ ½   n.d.

code SAQ: 10357572

Tursansushi 2015
Tursan, Les Vignerons Landais, France, 12,5 %

Une curiosité intéressante de la région bordelaise. Issu à 50 % de baroque, un cépage assez rare provenant du croisement entre le sauvignon et la folle blanche, il est justement assemblé à du sauvignon et à du gros manseng. Ça donne un blanc expressif rappelant les fruits jaunes et l'herbe coupée. Acidité marquée qui apporte de la droiture et fait paraître le vin très sec tout en donnant des ailes à l'aromatique.

15,05 $ ★★ - $ ½   1,8 g/l

code SAQ: 12878620

Verdejo 2015
Marqués de Cáceres, Rueda, Espagne, 13,5 %

Un petit blanc espagnol tout en fraîcheur et qui pète le fruit ! On devine un fruit tendre, une franche acidité avec des tonalités de pamplemousse et de citron confit. Finale salivante sur des notes iodées et de melon. Irréprochable !

14 $　　　　**★★ - $ ½**　　　　**2,3 g/l**

code SAQ: 12861609

Masciarelli 2014
Trebbiano d'Abruzzo, Italie, 13 %

Un blanc à base de chenin complété par le chardonnay et le viognier provenant d'une de mes régions favorites en Afrique du Sud : Swartland. Un vin exubérant tant au niveau des parfums que de la texture en bouche. Ça reste simple, digeste et on s'étonne des quelques grammes de sucre dans le vin tellement ils n'y paraissent pas. Difficile de trouver aussi agréable à siroter sous les 15 $.

14,65 $　　　　**★★ - $ ½**　　　　**3,5 g/l**

code SAQ: 12635097

The Curator 2015
A. A. Badenhorst, Swartland, Afrique du Sud, 13 %

Un blanc à base de chenin complété par le chardonnay et le viognier provenant d'une de mes régions favorites en Afrique du Sud : Swartland. Un vin exubérant tant au niveau des parfums que de la texture en bouche. Ça reste simple, digeste et on s'étonne des quelques grammes de sucre dans le vin tellement ils n'y paraissent pas. Difficile de trouver aussi agréable à siroter sous les 15 $.

14,30 $
★★ – $ ½
3,5 g/l

code SAQ:
12889126

Chardonnay 2013
Château des Charmes, Niagara-on-the-Lake, Canada, 13 %

Pas de bois ici. Que de la cuve inox pour ce petit chardonnay provenant d'un domaine qui se passe pratiquement de présentations. Un nez simple de miel et de pomme avec un fond végétal. La bouche se distingue par son ampleur et son fruit tendre, le tout étant porté par une acidité assez vive.

14,05 $
★★ – $ ½
2,7 g/l

code SAQ:
56754

Aveleda 2014
Vinho Verde, Quinta da Aveleda, Portugal, 10 %

Ah, le vinho verde ! Pour nous, ça demeure LE « vin de piscine » idéal. Pas dans le sens péjoratif, mais bien dans le sens de relaxation sans fla-flas sur le bord de la piscine. Ça sent bon la mandarine et les groseilles. C'est frais et perlant en bouche. C'est sucré, oui, mais avec une belle acidité qui récupère le tout et qui nous pousse à en redemander (à 10 % d'alcool, on se sent moins coupable) !

12,10 $
★★ - $ ½
14 g/l
code SAQ:
5322

Blanco Seleccion 2014
Borsao, Campo de Borja, Espagne, 13,5 %

Un blanc espagnol bien apprécié des Québécois, comme beaucoup des vins de ce producteur. C'est un vin chaleureux, aux accents de fruits tropicaux mûrs (melon, papaye, ananas). En bouche, c'est charmeur, rond et peu acide. Servir très frais.

13,95 $
★ ½ - $ ½
n.d.
code SAQ:
10856161

LES TRÈS PETITS PRIX ROUGE ET BLANC

Bottero 2015
Veneto, Italie, 11,5 %

Bottero, la grosse bouteille d'un litre ? ! Oui, oui, vous avez bien lu ! Nous nous sommes de nouveau fait prendre à l'aveugle, et ç'a été une belle surprise ! Une réduction fine qui s'estompe rapidement et laisse paraître des parfums de fleur, d'eucalyptus, de cerise noire, une légère touche d'élevage se traduisant par un côté caramel, mais le fruit apparaît pur et sans fla-flas. C'est surtout en bouche que c'est surprenant : une matière assez généreuse, souple, et d'une grande facilité avec une fraîcheur qui donne envie d'en reprendre un verre. Impressionnant pour le prix.

11,75 $ (format 1 l)   ★★ ½ - $ 4,4 g/l

code SAQ: 409888

Candidato Estrella 2013
Cosecheros y Criadores, Castilla la Mancha, Espagne, 13 %

Le Candidato le fait de nouveau ! Le 2013 marque le retour de ce grand classique des bons vins vraiment pas chers. Avec la bouteille d'un litre, ça vous revient à environ 8,45 $ la bouteille. Évidemment, n'y cherchez pas la complexité ou la nuance, mais vous trouverez un vin charmeur, bien fait et ne paraissant aucunement trop sucré malgré ses 4,1 g de sucre résiduel. Petite pointe de vanille en finale.

13 $ (format 1 l)   ★★ - $ 4,9 g/l

code SAQ: 12074859

Innovacion 2014
Zuccardi, Mendoza, Argentine, 13 %

Œuvre d'un producteur argentin réputé, cet assemblage intéressant de tempranillo et de malbec saura vous surprendre. Un nez charmeur présentant des tonalités animales avec un fond de fraise mûre et de violette. C'est pulpeux, avec des tanins de bonne définition, bien équilibré et digeste. Parmi les vins les moins chers à la SAQ. Chapeau !

9,35 $
★★ ½ – $
3 g/l

code SAQ:
12518819

Vila Regia 2014
Sogrape, Douro, Portugal, 12,5 %

Le 2014 est, de nouveau, une réussite ! Difficile à battre comme rapport qualité-prix-plaisir. Un vin portugais qui plaira à presque tout le monde. C'est un vin un peu simple, au profil légèrement rustique, mais il est bourré de soleil, de fruits et l'ensemble présente une sapidité déconcertante. On prend soin de le servir plutôt rafraîchi, soit autour de 14-15 °C.

10,55 $
★★ – $
2,1 g/l

code SAQ:
464388

Mapu 2012
Cabernet-Sauvignon / Carmenere, Valle central, Chili, 13,5 %

Un vin simple, où le cabernet s'exprime en toute franchise : notes de cassis, de poivrons, de cerises. Belle structure en bouche, soutenue par une bonne acidité.

11,05 $ ★ ½ – $ 3,1 g/l

code SAQ: 10530283

Pinot Noir 2014
Chevalier de Dyonis, Dealu Mare, Roumanie, 11,5 %

C'est le pinot noir le moins cher à la SAQ, mais pas nécessairement le moins bon ! C'est évidemment un pinot en toute simplicité, mais on perçoit un fruit assez bien nuancé montrant suffisamment d'éclat. C'est sapide, léger, un peu mince, mais frais et gouleyant. L'envie d'en prendre un autre verre se fait sentir. Ce n'est pas rien à ce prix !

10,95 $ ★★ – $ 11,5 g/l

code SAQ: 554139

Chenin Blanc 2014

Breede River Valley, Robertson Winery, Afrique du Sud, 13,5 %

L'Afrique du Sud réussit à produire des chenins blancs étonnants à tout petit prix. Celui-ci, de la maison Robertson, passe le test année après année : il est aromatique, frais, généreux, rond et souple, et malgré les presque six grammes de sucre, il reste léger et digeste.

10,70 $　　　★ ½ - $　　　**5,8 g/l**

code SAQ: 10754228

Chenin Blanc 2015

Douglas Green, Afrique du Sud, 12,5 %

À ce prix, vous n'avez pas un grand chenin de la Loire, mais vous n'avez pas non plus un infect vin blanc sans caractère qu'on boit en grimaçant. Au contraire, ce petit chenin blanc d'Afrique du Sud fait plutôt plaisir. Des arômes simples mais agréables de fleurs et de melon. Une texture lisse et fluide en bouche, sans rien de rude. On aurait pu souhaiter plus de mordant, mais servi frais, ça se boit à grandes lampées.

10,95 $　　　★★ - $　　　**2,7 g/l**

code SAQ: 12698872

LES DOUCEURS

Canasta Cream Superior Oloroso
Williams & Humbert, Xérès, Espagne, 19,5 %

Le xérès est à l'Espagne ce que le porto est au Portugal. Comme pour le porto, il existe plusieurs types de xérès. Il y a des xérès doux (les oloroso que les Anglais appellent cream sherry) et les xérès secs (les finos, que les Anglais appellent dry sherry). Celui-ci est un xérès doux. D'entrée de gamme, certes, mais aussi une belle introduction au style. Servez-le frais après le repas, seul ou avec un dessert.

14,95 $**   ★★ − **$ ½   **140 g/l**

code SAQ: 416966

Manzanilla Papirus Solera Reserva Very Dry
Lustau, Xérès, Espagne, 15 %

Ce n'est pas vraiment une douceur. À vrai dire, c'est tout le contraire du précédent : c'est sec de chez sec. Un ovni difficile à placer. De la catégorie des finos, ce xérès peut très bien passer en apéro avec les olives ou en fin de repas avec un fromage sec de type manchego. Sans que ce soit complexe, on devine facilement les parfums d'olive, de sel marin et d'amande. C'est droit, enveloppant avec une fraîcheur déconcertante. À servir bien frais (10 degrés).

12,60 $** (format 375 ml)   ★★★ − **$$ ½   **1,2 g/l**

code SAQ: 11767565

Samos 2014
Muscat de Samos, Grèce, 15 %

Probablement le vin grec le plus ancien sur les tablettes de la SAQ. N'allez pas chercher midi à quatorze heures : c'est du muscat bien typé avec des parfums rentre-dedans de raisin de Corinthe, de miel et de zeste d'orange. C'est évidemment doux, jamais plat, bien constitué et de longueur appréciable. Excellente introduction au muscat.

13,75 $ ★★ ½ – $ ½ **n.d.**

code SAQ: 44578

Moscatel de Setúbal 2011
Bacalhoa, Portugal, 17,5 %

Les bons vins doux sont souvent chers. Ce vin fortifié, à base de muscat, est l'une des meilleures aubaines en vin doux à la SAQ. C'est un nectar ambré, aux arômes d'abricots séchés, de tarte aux poires et qui ne tombe pas dans la lourdeur. À servir très frais au dessert.

12,25 $ ★★ ½ – $ ½ **66 g/l**

code SAQ: 10809882

LES ROSÉS

Coto de Hayas 2015
Campo de Borja, Bodegas Aragonesas, Espagne, 13,5 %

Un nouveau rosé très pâle. L'impression d'un vin gris ! Joli nez, délicat, avec des notes florales. Belles saveurs en bouche. L'acidité apporte fraîcheur et équilibre malgré le côté légèrement capiteux en finale.

11,90 $ ★★ - $ **2,1 g/l**

code SAQ: 12699701

Domaine de Gournier 2014
Pays d'Oc, France, 13 %

Un classique qui revient chaque année. Le 2015 reste fidèle à lui-même : c'est floral avec des notes de petits fruits rouges. Tout en fraîcheur avec une matière de qualité, bien que l'ensemble demeure simple. Réjouissant !

12,85 $ ★★ - $ ½ **2 g/l**

code SAQ: 464602

Rosado Seleccion 2015
Borsao, Campo de Borja, Espagne, 13,5 %

Dans la foulée du très réussi 2014, la version 2015 affiche un fruité bien expressif, bien mûr, quoiqu'un peu simple avec des notes de jujube et d'épices douces. C'est juteux, frais et bien tourné. Prix encore déroutant étant donné la qualité. Un incontournable.

13,20 $ ★★ - $ ½ **1,8 g/l**

code SAQ: 10754201

Carrelot des Amants 2015

Vignerons du Brulhois-Donzac, Côtes du Brulhois, France, 12,5 %

Bonne intensité des parfums avec des notes d'agrumes et de fleurs. C'est charmeur, bien équilibré, précis et d'une acidité fine. Assez persistant en finale sur des notes de craie. L'une des très belles surprises de cette année !

13,65 $
★★ - $ ½
1,3 g/l

code SAQ: 620682

Grand Sud Merlot 2015
Grands Chais de France, Pays d'Oc, France, 12,5 %

Vendu en grosse bouteille d'un litre, ce rosé de merlot fait le travail. Beaucoup de fruits rouges, tant au nez qu'en bouche. Pas le plus raffiné, mais c'est équilibré et bien fait.

13,55 $ ★★ - $ ½   **5,5 g/l**

code SAQ: 11685973

Beso de Vino 2015
Édition spéciale BBQ, Grandes Vinos y Vinedos SA, Carinena, Espagne, 13 %

Belle couleur rouge clair. Nez de fruits frais, de framboises, avec une note de barbe à papa. En bouche, c'est un peu perlant (ça picote la langue). Beau fruité net en bouche. C'est amusant. Seul reproche : ça manque un peu de volume.

14,75 $ ★★ ½ - $ ½   **1,8 g/l**

code SAQ: 12841253

Attitude Grenache 2015
Vignerons Val d'Orbieu, Pays d'Oc, France, 12,5 %

Une bouteille de plastique... Et pourtant le vin est franchement bon ! Un joli nez fruité, frais et d'assez bonne définition. La bouche suit avec une matière nourrie. C'est délicat et plutôt savoureux pour un rosé. En format d'un litre, ça revient à 11,20 $ la bouteille. Difficile de trouver meilleur rapport qualité-prix !

14,95 $ (format 1 l)   ★★ ½ - $ **1,3 g/l**

code SAQ: 12918476

JEU-QUESTIONNAIRE :
ÊTES-VOUS SNOB ?

Ah, le snobisme ! Le monde du vin est incapable de se débarrasser de cette étiquette. Il faut dire que plusieurs ont couru après. Connaître le vin, pour certains, c'est l'occasion de se croire plus intelligent, plus cultivé que leur voisin ou leur beau-frère. Pourtant, les gens qui connaissent les statistiques de hockey ou tous les trucs de Madame Chasse-taches ne se prennent généralement pas pour d'autres, eux ! Pourquoi s'en faire accroire autant avec le vin, alors ?

Notre ami Jacques Orhon a écrit tout un livre sur le sujet, d'ailleurs, *Le vin snob* (on vous le recommande).

Heureusement, les Méchants Raisins ne sont pas snobs. Du moins, pas toujours. Patrick, un peu, mais on lui pardonne.

Et vous, l'êtes-vous ? Voici le test pour le savoir…

Selon vous, un vin rouge avec une capsule dévissable, c'est :

a) pratique
b) probablement un vin de Nouvelle-Zélande
c) certainement un mauvais vin, probablement un vin de dépanneur
d) un vin industriel, probablement bourré de sulfites.

Laquelle de ces indications sur l'étiquette est le meilleur gage de qualité ?

a) Des médailles d'or
b) Bof, l'étiquette, ça reste un moyen de faire du marketing. Vaut mieux bien s'informer sur les vins avant de les acheter.
c) Les mentions « grand vin » et « mis en bouteille au château »
d) Vous préférez les vins sans étiquette, simplement signées à la main par le vigneron.

Le vin « nature », pour vous, c'est...

a) quessé ça ?
b) Des vins qui peuvent être intéressants. Quand vous en achetez pour une fête de famille, vous prenez soin d'en apporter deux bouteilles pour en faire profiter tout le monde.
c) Une mode agaçante poussée par des hippies du vin qui donne des vins suspects, probablement instables.
d) Pourquoi boire autre chose ? Les vins morts, bien peu pour vous. D'ailleurs, quand vous en apportez dans une fête de famille, vous réservez la bouteille à ceux qui s'y connaissent. Les autres peuvent bien boire de la piquette, s'ils veulent.

Votre opinion sur les vins biodynamiques ?

a) Vous les aimez, car vous aimez ce qui est « bio » et vous aussi, vous êtes « dynamiques » !
b) Vous aimez le fait que ces producteurs prennent un soin vraiment jaloux de leurs vignobles et de leurs vignes, mais vous avez des doutes sur l'impact des cornes de vaches enterrées et des forces cosmiques.
c) C'est du grand n'importe quoi. Des lubies de charlatans.

d) Il est prouvé que ces vins sont meilleurs, car ils respectent les lois ancestrales de la Nature et du Cosmos.

Les vins à moins de 12 $...

a) ... c'est bien correct. On ne va quand même pas se ruiner juste pour du vin.

b) si on s'en donne la peine, on peut en trouver des bons, notamment en suivant les conseils des Méchants Raisins.

c) c'est toujours mauvais, tout le monde sait ça.

d) ... il y en a des bons, mais c'est rare. On les trouve surtout lorsqu'on visite des vignerons artisans à leur domaine.

Pour bien servir le vin, il faut...

a) ... prendre un tire-bouchon « gendarme », passer la vis à travers la capsule pour atteindre le bouchon, tirer, servir.

b) ... tourner la capsule à vis ou enlever le bouchon de la manière la plus efficace, proprement et sans faire de dégâts. Peu importe : la vérité est dans le verre.

c) ... découper la capsule sous le rebord un peu renflé du goulot, débouchonner avec un limonadier, bien nettoyer le goulot avec le linge blanc disposé sur votre avant-bras, servir le vin dans le verre en tournant la bouteille pour ne pas laisser tomber n'importe où la dernière goutte.

d) ... enlever d'un coup sec la capsule qui recouvre le goulot, ouvrir rapidement avec un bon tire-bouchon de qualité, idéalement en bois de cerisier, servir le vin avec style... *enjoy* !

Vous préférez les vins de...

a) ... n'importe où, pourvu qu'ils ne soient pas chers.

b) ... n'importe où, pourvu qu'ils soient bons.

c) ... Bordeaux, crus classés de préférence, climats de Bourgogne, grands toscans et rares rieslings allemands.

d) ... producteurs indépendants, méconnus, amoureux de la nature : c'est un gage de qualité.

Une majorité de **A**

Vous ne connaissez pas vraiment le vin et, au fond, vous vous en foutez totalement. Du moment que c'est bon. Vous n'êtes pas un de ces snobs du vin, loin de là. Mais vous gagneriez à les écouter une fois de temps en temps pour profiter davantage de ce que vous buvez.

Une majorité de **B**

Vous connaissez le vin, assez bien même, mais vous ne faites pas chier le peuple avec ça. Bravo. Continuez comme ça !

Une majorité de **C**

Vous êtes le snob « classique » du vin. On vous a appris des règles et des vérités qu'il faut maintenant remettre un peu en question. Le vin, au fond, c'est fait pour s'amuser, pas pour se donner des maux de tête !

Une majorité de **D**

Vous faites partie des nouveaux snobs du vin, les « zélotes » des vins « nature ». Vos amis vous traitent de « hipster » du vin. C'est tout à votre honneur d'avoir l'esprit ouvert vers des nouvelles pratiques, mais ne vous fermez pas au reste ! Et, surtout, faites profiter vos amis de votre savoir.

ALLEZ,
ON S'EN VA !

(CLAUDE LANGLOIS)

Pour être franc, j'avais commencé à ramasser mes affaires au retour des Fêtes l'an dernier. Puis, à l'approche du printemps, j'ai fini par boucler ma valise : je pars.

Je m'en vais. Je prends officiellement ma retraite du vin. Après trente ans de chroniques, je quitte la scène.

Mes collègues Méchants Raisins m'ont fait la fleur de me garder avec eux à titre de « Méchant Raisin honoraire », si jamais le mal d'écrire devenait lancinant.

Je n'abuserai certainement pas de ce privilège. Mais il n'est pas dit non plus que je n'en profiterai pas à l'occasion.

Ce fut une décision difficile à prendre, voire douloureuse, on s'en doute bien. Mais des ennuis de santé m'ont aidé à trancher, en même temps que l'inéluctabilité du chemin à prendre m'apportait une certaine sérénité.

Une « der » de « der »

Mais comment rédige-t-on une dernière chronique ?

En faisant comme si de rien n'était, mais en ajoutant à la toute fin et sans crier gare quelques mots pour dire « chers lecteurs, vous venez de lire ma dernière chronique » ?

Ou plutôt en écrivant quelque chose de plus « spécial », où je regarderais un peu le chemin parcouru, mais en évitant le pathos ?

J'ai choisi la deuxième option.

Je suis arrivé au vin par hasard. L'ai-je déjà dit ?

C'était en 1971. Sur le babillard de la salle de rédaction du *Montréal-Matin* où je travaillais à l'époque, voilà qu'on affiche une proposition de stage de quatre mois au Centre de formation des journalistes de Paris, une école de journalisme reconnue dans toute la francophonie ; un de ses plus célèbres étudiants est Bernard Pivot (ça se place toujours bien dans une conversation).

Or, au cours de ce stage, nous avions des travaux à remettre régulièrement et il fallait donc trouver des sujets de reportage.

Notre petit groupe de six jeunes journalistes du Québec propose d'aller faire un reportage sur Bordeaux et son vignoble.

On va aller boire un coup sur le bras, qu'on s'est dit, un peu tapons.

C'est lors de ce voyage, qui était au départ un malentendu puisque nos hôtes bordelais croyaient recevoir des jeunes journalistes du vin, alors que nous étions des jeunes étudiants en journalisme vaguement hippies, c'est lors de ce voyage, donc, qu'a eu lieu ma rencontre du « troisième type » avec le vin.

Pour la première fois de ma vie, je me rendais compte qu'il y avait des différences entre les vins, qu'ils ne goûtaient pas tous la même chose.

Les visites de quelques châteaux du Médoc qui se sont succédé les jours suivants ont achevé ma conversion, si besoin était encore.

Une chronique

Bref, de retour à Montréal, j'ai poussé ma connaissance du vin jusqu'à l'obsession, de telle sorte qu'au printemps 1986, je me sentais assez solide pour proposer une chronique au *Journal de Montréal*.

Quelque 1500 chroniques plus tard (blogue compris), je boucle la boucle.

Le vin a été le centre d'intérêt de la presque totalité de ma vie d'adulte. Et surtout une grande source d'accomplissement personnel et professionnel.

J'ai trouvé dans le monde du vin un milieu chaud et réconfortant.

À vrai dire, j'y ai découvert le monde entier.

Le vin a été une école de vie qui m'a aidé à prendre la mesure de l'homme que j'étais et à faire de moi-même, du moins j'ose le croire, une meilleure personne.

J'ai rencontré dans le monde du vin des sœurs et des frères de passion ; je m'y suis fait de véritables amis. J'y ai rencontré aussi des collègues, des gens de l'industrie qui, je le dis sans flagornerie, se sont avérés de véritables professionnels et je leur envoie aujourd'hui la main.

Le monde du vin a été toute ma vie, il en a rempli tous les instants et je sais qu'il m'habitera toujours.

Je salue avec reconnaissance les lecteurs qui m'ont suivi au fil des ans, certains depuis le tout début.

Vous me manquez tous déjà. Mais je sais que d'une manière ou d'une autre on se croisera, on se reverra.

Allez, assez placoté ! On s'en va.

Santé, tout le monde !

INDEX

Grèce

Blanc

Rouge

Israël

Rosé

Italie

Blanc

Mousseux

Rosé

Rouge

Liban

Rouge

Luxembourg

Mousseux

Nouvelle-Zélande

Blanc

Portugal

Blanc

Madère

Porto

Rouge

Québec

Bière

Blanc

Vin et cidre de glace

Avalanche 2013, Cidre de glace,
  Clos Saragnat, **209**
Poiré de glace 2012, Domaine
  des Salamandres, Québec, **208**
Vidal 2012, Vin de glace, Vignoble
  du Marathonien, **210**

Cidre

Bulle de Neige, La Face Cachée
  de la Pomme, **250**
Hugues Original pomme et houblon,
  Domaine de Lavoie, **178**

Eau de vie

Pom de vie, Michel Jodoin, **258**

Gin

Gin de Neige, La Face Cachée
  de la Pomme, **258**
Gin St. Laurent, Distillerie du St. Laurent, **259**
Piger Henricus, Les Distillateurs
  subversifs - Latitude 45, **258**
Réduit Piger Henricus,
  Les Distillateurs subversifs, **214**

Mousseux

L'Orpailleur Brut, Vignoble de L'Orpailleur, **216**

Rouge

Le Grand Coteau 2014, Coteau
  Rougemont, **213**
Sélection Rouge 2014, Domaine
  St-Jacques, **212**

Vermouth

Vermouth, Domaine
  Val Caudalies, Québec, **214**

Vodka

Terroir Vodka, Cirka, **259**

Roumanie

Rouge

Pinot Noir 2014, Dealu Mare,
  Chevalier de Dyonis, **334**

Uruguay

Rouge

Tannat Reserva 2013, Las Violetas,
  Bodegas Carrau, **34**, **319**

Cet ouvrage composé en The Sans Light 9/12 a été achevé d'imprimer au Québec
sur les presses de Marquis Imprimeur le vingt-cinq octobre deux mille seize
pour le compte des éditions du Journal.